VRHUNSKI VODIČ ZA FRANCUSKE EKLERE

Vaš potpuni vodič za izradu francuskih éclair-a kod kuće

Antonio Bogdanić

Materijal autorskih prava ©2024

Sva prava pridržana

Nijedan dio ove knjige ne smije se koristiti ili prenositi u bilo kojem obliku ili na bilo koji način bez odgovarajućeg pisanog pristanka izdavača i vlasnika autorskih prava, osim kratkih citata korištenih u recenziji. Ovu knjigu ne treba smatrati zamjenom za medicinske, pravne ili druge stručne savjete.

SADRŽAJ

SADRŽAJ 3
UVOD 7
EKLERI GLAZIRANI OGLEDALOM 8
   1. Zrcalno glazirani ekleri od jaja 9
   2. Galaxy Mirror glazirani ekleri od bijele čokolade 13
   3. Šareni ekleri s Mirror glazurom i pješčanim mrvicama 16
   4. Ekleri s glaziranom bijelom čokoladom 19
   5. Ekleri s ružičastom Mirror glazurom 22
   6. Ekleri s glaziranom čokoladom i lješnjakom 25
   7. Ekleri s glazurom od maline i limuna 28
   8. Ekleri glazirani s karamelom od kave 31
   9. Matcha glazirani ekleri od bijele čokolade 34
ČOKOLADNI EKLERI 37
   10. Karamel čokoladni ekleri 38
   11. Čokoladni ekleri s nadjevom od kreme 40
   12. Čokoladni Grand Marnier Eclairs 43
   13. Smrznuti čokoladni mint ekleri 47
   14. Mini čokoladni ekleri 50
   15. Jello puding od vanilije Ekleri 52
   16. Kolačići i kremasti ekleri 54
   17. Ekleri od čokolade i lješnjaka 57
   18. Mint čokoladni ekleri 60
   19. Ekleri od bijele čokolade i maline 63
   20. Ekleri od tamne čokolade i naranče 66
   21. Začinjeni meksički čokoladni ekleri 69
   22. Čokoladni ekleri praline od lješnjaka 72
   23. Crème Brûlée čokoladni ekleri 75
   24. Čokoladni ekleri bez glutena 78
   25. Eclairs od čokolade i slane karamele 81
   26. Čokoladni ekleri punjeni pralinama 84
   27. Eclairs od čokolade i pistacija 87
   28. Čokoladni Mousse Eclairs 90

VOĆNI EKLERI 93

29. Ekleri s pjenom od maline i breskve 94
30. naranča Ekleri 98
31. Ekleri od marakuje 101
32. Voćni ekleri od cjelovitog zrna pšenice 104
33. Ekleri od marakuje i malina 107
34. Ekleri s jagodama i vrhnjem 111
35. Ekleri od miješanog bobičastog voća 114
36. Ekleri beze od malina i limuna 118
37. Ekleri od maline i mliječne čokolade 121
38. Ekleri od crvene baršunaste čokolade i maline 124
39. Ekleri za krem pitu od banane 127
40. Eclairs s kremom od jagoda 130
41. Mango Passionfruit Eclairs 133
42. Eclairs od limuna i borovnice 136
43. Malina i bademi Eclairs 139
44. Ekleri od ananasa i kokosa 142
45. Eclairs s miješanim bobicama i limunovom koricom ..145
46. Peach Ginger Éclairs 148
47. Eclairs od kupine i limuna 151
48. Ekleri s kivijem i kokosom 154

EKLER OD ORAŠA 157

49. Ekleri s makaronima od čokolade i badema 158
50. Eclairs od pistacija i limuna 161
51. Ekleri s javorovom glazurom preliveni orasima 166
52. Ekler od malina i pistacija 169
53. Ekleri od čokolade i lješnjaka 172
54. Čokoladni ekleri s maslacem od kikirikija 175
55. Praline Éclairs od badema 178
56. Orah Javor Eclairs 181
57. Eclairs od pistacije ruže 184
58. Pecan Caramel Éclairs 187
59. Ekleri od bijele čokolade Macadamia 190

ZAČINJENI EKLERI 193

60. Ekleri od javorove bundeve 194

61. Eclairs sa začinima od cimeta 197
62. Eclairs s kardamomom 200
63. Eclairs od medenjaka 203
64. Eclairs s infuzijom muškatnog oraščića 206
65. Chai Latte Éclairs 209
66. Eclairs sa začinjenom koricom naranče 212

BOMBONI EKLERI 215

67. Eclair s maslacem od kikirikija 216
68. Ekleri sa slanom karamelom 219
69. S'mores Éclairs 223
70. Ekleri od peperminta 225
71. Toffee Crunch Eclairs 228
72. Šećerna vuna Eclairs 231
73. Rocky Road Éclairs 234
74. Bubbleguma Éclairs 237
75. Sour Patch Citrus Éclairs 240
76. Licorice Lovers Éclairs 243

EKLERI S OKUSOM KAVE 246

77. Cappuccino Eclairs 247
78. Tiramisu Eclairs 249
79. Mocha Eclairs 252
80. Espresso zrna Crunch Éclairs 255
81. Eclairs od irske kave 258
82. Vanilla Latte Éclairs 261
83. Caramel Macchiato Éclairs 264
84. Eclairs s kavom od lješnjaka 267

EKLERI SA SIROM 270

85. Eclair od sira od borovnica 271
86. Gouda glazirani ekleri 274
87. Raspberry Swirl Cheesecake Eclairs 277
88. Ekleri od čokoladnog mramornog kolača od sira 280
89. Slani karamel kolač od sira Eclair 283
90. Praline od pistacija Cheesecake Eclairs 286
91. Ekleri za tortu od sira s kokosovom kremom 289

92. Ekleri od sira od jagoda 292

93. Ekleri od sira od limuna 295

RECEPTI NADAHNUTI ECLAIROM 298

94. Ekleri od banane kroasani 299

95. Prstenasta torta s kremom i éclairs 301

96. Čokoladni badem Croissant Éclairs 304

97. Čokoladne éclair pločice 307

98. Čokoladna ekler torta 309

99. Pistachio Rose Éclair torta 311

100. Maple Bacon Éclair Bites 314

ZAKLJUČAK 317

UVOD

Bienvenue do "VRHUNSKI VODIČ ZA FRANCUSKE EKLERE", vašeg sveobuhvatnog putovanja u umjetnost izrade izvrsnih francuskih éclaira u udobnosti vlastite kuhinje. Ovaj vodič je slavlje delikatnog, slastičarskog savršenstva koje je éclair—suštinska francuska poslastica koja osvaja svojom elegancijom i uživanjem. Pridružite nam se u kulinarskoj pustolovini koja otkriva tajne stvaranja ovih kultnih kolača i donosi sofisticiranost francuskih slastica u vaš dom.

Zamislite kuhinju ispunjenu primamljivim mirisom svježe pečenih éclair-a, šapatom prhkog tijesta i iščekivanjem slatkih nadjeva. "VRHUNSKI VODIČ ZA FRANCUSKE EKLERE" nije samo skup recepata; to je putovanje u svijet majstorstva choux tijesta, dekadentnih punjenja i delikatne umjetnosti glaziranja. Bilo da ste iskusni pekar ili strastveni kuhar kod kuće, ovi recepti i tehnike osmišljeni su da vas vode kroz korak po korak proces stvaranja autentičnih francuskih éclaira.

Od klasičnih čokoladnih éclairs do inventivnih varijanti punjenih voćem, i od svilenkastih nadjeva od slastičarske kreme do sjajnih glazura, svaki recept je proslava svestranosti i sofisticiranosti koju éclairs nude. Bez obzira organizirate li posebnu prigodu ili jednostavno žudite za daškom pariške elegancije, ovaj je vodič vaša putovnica za postizanje éclaira pekarske kvalitete u vlastitoj kuhinji.

Pridružite nam se dok istražujemo zamršenost izrade éclaira, gdje je svaka kreacija svjedočanstvo preciznosti, okusa i finoće koji definiraju ova kultna peciva. Dakle, navucite svoju pregaču, prihvatite umjetnost chouxa i krenimo na kulinarsko putovanje kroz "VRHUNSKI VODIČ ZA FRANCUSKE EKLERE".

EKLERI GLAZIRANI OGLEDALOM

1. Zrcalno glazirani ekleri od jaja

SASTOJCI:
PJENA OD JAJA:
- 100g mlijeka
- ½ mahune vanilije
- 3 žumanjka
- 40 g šećera
- 3 ½ listića (6 g) želatine
- 150 g likera od jaja
- 200g vrhnja za šlag
- Hrskavi biseri od tamne čokolade (npr. Valrhona[1])

PRHKO PECO:
- 125 g maslaca
- 85 g šećera u prahu
- 35 g badema
- 42 g tučenog jaja (1 malo jaje)
- 210g brašna tip 550
- 1 prstohvat soli

GANACHE:
- 65 g vrhnja
- 40 g kuverture 70%[1], nasjeckane ili kaleta
- 26 g kuverture 55%[1], nasjeckane ili kaleta
- 120g hladnog vrhnja

SJAJNA GLAZURA:
- 190 g vrhnja
- 200g šećera
- 70 g vode
- 80 g glukoznog sirupa
- 80 g tamnog kakaa za pečenje
- 6 listića (16g) želatine

SKUPŠTINA:
- Tamni i brončani oštri biseri

UPUTE:
PJENA OD JAJA:
a) Namočite želatinu u ledeno hladnu vodu.
b) U malom loncu zakuhajte mlijeko s razrezanom mahunom vanilije.
c) U posebnoj posudi izmiksajte žumanjke sa šećerom, pa uz miješanje dodajte vruće mlijeko od vanilije.
d) Smjesu ulijte natrag u lonac i uz miješanje zagrijte na 82-85 Celzijevih stupnjeva.
e) Maknite s vatre i otopite namočenu želatinu u vrhnju pa umiješajte liker od jaja.
f) Procijedite smjesu i umiješajte šlag.
g) Napunite jednokratnu vrećicu s pjenom od jaja i odrežite mali vrh.
h) Mousseom do pola ispunite deset udubljenja kalupa za modne eklere, dodajte čokoladne hrskave perlice i prekrijte drugim slojem moussea.
i) Izgladite i zamrznite pokriveno folijom.

PRHKO PECO:
j) Miksajte šećer u prahu i maslac dok ne postanu kremasti.
k) Dodati mljevene bademe, sol i brašno, pa s razmućenim jajetom umijesiti glatko tijesto.
l) Tijesto oblikujte u kocku, zamotajte u prozirnu foliju i ostavite u hladnjaku 1 sat.
m) Zagrijte pećnicu na 180°C.
n) Tijesto razvaljajte na pobrašnjenoj podlozi na 3 mm debljine i priloženim rezačem iz modle za modne eklere izrežite deset užih i deset širokih traka.
o) Trake slažite na tepsiju obloženu papirom za pečenje i pecite dok ne porumene (oko 12 minuta).
p) Prhke trake od prhkog tijesta spremite u metalni kalup za kekse do sljedećeg dana.

GANACHE:
q) Zakuhajte 65 g vrhnja i prelijte ga preko sitno nasjeckanog čokoladnog premaza (ili kaleta).
r) Pustite da odstoji minutu, a zatim emulgirajte štapnom miješalicom.

s) Dodajte hladno vrhnje i dobro promiješajte.
t) Prekrijte površinu ganachea folijom i stavite u hladnjak preko noći.

SJAJNA GLAZURA:
u) Namočiti želatinu.
v) U loncu zagrijte šećer, vodu i glukozni sirup na 103 stupnja Celzijusa.
w) Umiješajte vrhnje i prosijani kakao.
x) Namočenu želatinu otopiti u glazuri i izmiksati mikserom.
y) Glazuru prelijte kroz sito, prekrijte folijom i ostavite u hladnjaku preko noći.

SKUPŠTINA:
z) Zagrijte čokoladnu glazuru dok ne postane tečna.
aa) Izvadite eklere iz silikonskog kalupa i stavite ih na rešetku iznad posude.
bb) Prelijte glazuru od čokolade preko eklera, pazeći da su potpuno prekriveni.
cc) Čačkalicama ih pažljivo stavljajte na široke trake prhkog tijesta.
dd) Umutite ganache i nanesite male točkice na eklere.
ee) Ukrasite hrskavim perlicama.
ff) Poslužite odmah nakon odmrzavanja.

2. Galaxy Mirror glazirani ekleri od bijele čokolade

SASTOJCI:
ZA ECLAIR ŠKOLJKE:
- 150 ml vode
- 75 g neslanog maslaca
- ¼ žličice soli
- 150 g višenamjenskog brašna
- 4 velika jaja

ZA GALAXY MIRROR GLAZE:
- 8 listića (16g) želatine
- 200 g bijele čokolade, nasjeckane
- 200 ml zaslađenog kondenzovanog mlijeka
- 300 g granuliranog šećera
- 150 ml vode
- 150 ml gustog vrhnja
- Gel boje za hranu (plava, ljubičasta, roza i crna)

UPUTE:
ZA ECLAIR ŠKOLJKE:
a) Zagrijte pećnicu na 200°C (390°F) i obložite lim za pečenje papirom za pečenje.
b) U loncu pomiješajte vodu, maslac i sol. Zagrijte na srednjoj vatri dok se maslac ne otopi i smjesa ne zavrije.
c) Dodajte sve brašno odjednom i snažno miješajte drvenom kuhačom dok se smjesa ne oblikuje u kuglu i odvoji od stijenki posude. To bi trebalo trajati oko 1-2 minute.
d) Prebacite tijesto u zdjelu za miješanje i ostavite da se ohladi nekoliko minuta.
e) Dodajte jaja, jedno po jedno, dobro miksajući nakon svakog dodavanja. Tijesto treba biti glatko i sjajno.
f) Premjestite tijesto u vrećicu s velikim okruglim vrhom.
g) Zalijepite trake dužine 4-5 inča na pripremljeni lim za pečenje, ostavljajući između njih dovoljno prostora za širenje.
h) Pecite u prethodno zagrijanoj pećnici 25-30 minuta ili dok ekleri ne napuhnu i porumene.
i) Izvadite iz pećnice i pustite da se potpuno ohlade na rešetki.

ZA GALAXY MIRROR GLAZE:
j) Listove želatine namočite u hladnu vodu dok ne omekšaju.

k) U zdjelu otpornu na toplinu stavite nasjeckanu bijelu čokoladu i zaslađeno kondenzirano mlijeko. Staviti na stranu.
l) U loncu pomiješajte granulirani šećer, vodu i vrhnje. Zagrijte na srednjoj vatri, miješajući dok se šećer potpuno ne otopi i smjesa ne zakuha.
m) Maknite lonac s vatre i dodajte omekšale listiće želatine. Miješajte dok se želatina potpuno ne otopi.
n) Vruću smjesu vrhnja prelijte preko bijele čokolade i kondenziranog mlijeka. Pustite minutu da se čokolada otopi, a zatim miješajte dok ne postane glatka i dobro spojena.
o) Podijelite glazuru u nekoliko posuda i svaku obojite različitim gel prehrambenim bojama (plava, ljubičasta, ružičasta i crna) kako biste stvorili efekt galaksije. Čačkalicom promiješajte boje u svakoj posudi.
p) Pustite da se glazura ohladi na oko 30-35°C (86-95°F) prije upotrebe.

SKUPŠTINA:
q) Nakon što se ekleri ohlade, malim okruglim vrhom napravite tri rupe na dnu svakog eklera.
r) Eklere punite nadjevom po želji. Možete koristiti šlag, slastičarsku kremu ili kombinaciju oba.
s) Umočite vrh svakog eklera u galaxy mirror glazuru, dopustite da sav višak kapne.
t) Stavite glazirane eklere na žičanu rešetku da se stvrdnu, a glazura će stvoriti prekrasan efekt galaksije dok kaplje.
u) Ostavite da se glazura potpuno stegne.
v) Poslužite i uživajte u svojim prekrasnim Galaxy Mirror glaziranim eklerima od bijele čokolade!

3. Šareni ekleri s Mirror glazurom i pješčanim mrvicama

SASTOJCI:
ZA CHOUX PECIVO:
- 8 unci vode
- 4 unce neslanog maslaca
- ½ žličice košer soli
- 1 žlica granuliranog bijelog šećera
- 5 unci prosijanog brašna za kruh
- 1 žličica ekstrakta vanilije po želji
- 4 velika jaja
- Gel prehrambene boje (razne boje)

ZA ECLAIR NADJEV (ODABERITE 1):
- 1 ½ šarže kreme od vanilije
- 1 ½ šarže čokoladne kreme za tijesto

ZA GLAZURU ZA OGLEDALO:
- 12 unci komadića bijele čokolade
- 6 unci gustog vrhnja
- Gel prehrambene boje (razne boje)

ZA PJEŠČANE MRVICE:
- ½ šalice mrvica graham krekera
- 2 žlice granuliranog šećera
- 2 žlice neslanog maslaca (otopljenog)

UPUTE:
CHOUX PECIVO:
a) U loncu pomiješajte vodu, maslac, sol i šećer. Zagrijte na srednjoj vatri dok se maslac ne otopi i smjesa ne zavrije.
b) Maknite lonac s vatre, dodajte prosijano brašno za kruh i brzo miješajte dok smjesa ne postane glatka kugla tijesta.
c) Pustite da se tijesto malo ohladi, a zatim dodajte jedno po jedno jaje, dobro miješajući nakon svakog dodavanja. Tijesto treba biti glatko i sjajno.
d) Podijelite choux tijesto u zasebne zdjelice za svaku boju koju želite koristiti. Dodajte nekoliko kapi gel boje za hranu u svaku posudu i miješajte dok ne dobijete željenu boju.
e) Zagrijte pećnicu na 400°F (200°C). Lim za pečenje obložite papirom za pečenje.

f) Razvucite obojeno choux tijesto u eklere na pripremljeni lim za pečenje. Možete koristiti slastičarsku vrećicu ili Ziploc vrećicu s odrezanim kutom.
g) Pecite 15 minuta na 400°F (200°C), zatim smanjite temperaturu na 350°F (180°C) i pecite dodatnih 20-25 minuta, ili dok ekleri ne porumene i ne napuhnu se. Tijekom pečenja pećnicu ne otvarati.

ECLAIR NADJEV:
h) Pripremite ili kremu od tijesta od vanilije ili kremu od čokoladnog tijesta po želji.

ZA OGLEDALO :
i) Stavite komadiće bijele čokolade u zdjelu otpornu na toplinu.
j) U loncu zagrijte vrhnje dok ne počne kuhati. Prelijte vruće vrhnje preko komadića bijele čokolade i ostavite da odstoji minutu. Miješajte dok se čokolada potpuno ne otopi i smjesa postane glatka.
k) Podijelite glazuru u posebne zdjelice i u svaku dodajte gel prehrambene boje kako biste postigli željene boje.

PJESKANE MRVICE:
l) U maloj posudi pomiješajte mrvice graham krekera i granulirani šećer.
m) U smjesu dodajte otopljeni neslani maslac i miješajte dok se dobro ne sjedini.

SKUPŠTINA:
n) Kad se ekleri ohlade, vodoravno ih prerežite na pola.
o) Svaki eclair napunite odabranim nadjevom od slastičarske kreme.
p) Umočite vrh svakog eklera u obojenu zrcalnu glazuru, dopustite da sav višak iscuri.
q) Pospite mješavinu pješčanih mrvica po glaziranim vrhovima eklera za dodatnu teksturu i ukras.
r) Ostavite glazuru da se stegne nekoliko minuta i vaši šareni ekleri s glazurom i pješčanim mrvicama spremni su za posluživanje!
s) Uživajte u ukusnim i šarenim eklerima!

4. Ekleri s glaziranom bijelom čokoladom

SASTOJCI:
ZA SLASTIČARSKU KREMU:
- 4 žumanjka
- 380 grama punomasnog mlijeka (1 ¾ šalice)
- 100 grama šećera
- 2 žlice kukuruznog škroba
- 2 žlice višenamjenskog brašna
- 1 žličica ekstrakta vanilije (ili 1 mahune vanilije)
- Malo konjaka ili ruma
- ½ šalice gustog vrhnja (za šlag)

ZA CHOUX PECIVO:
- 120 grama punomasnog mlijeka (½ šalice)
- 120 grama vode (½ šalice)
- 120 grama maslaca (8½ žlica maslaca)
- 145 grama kruha ili brašna s visokim sadržajem glutena (1 šalica)
- 6 grama soli (0,2 unce, 1 ravna žlica košer soli)
- Oko 6 cijelih velikih jaja

ZA GLAZURU:
- 200 grama bijele čokolade
- Dodatna prehrambena boja

UPUTE:
PRIPREMITE SLASTIČARSKU KREMU:
a) Žumanjke umutite sa šećerom dok ne postanu svijetli i pjenasti.
b) Umiješajte kukuruzni škrob i brašno.
c) Zagrijte mlijeko i vaniliju u loncu dok ne počnu ključati.
d) Dodajte ⅓ mlijeka u žumanjke da se temperiraju. Promiješajte i dodajte još ⅓ mlijeka. Zatim dodajte zadnju ⅓.
e) Tekuće mlijeko + žumanjke vratiti u lonac i zagrijavati dok se krema ne zgusne.
f) Izvadite iz kalupa u zdjelu i ohladite slastičarsku kremu u ledenoj kupelji ili u hladnjaku.
g) Dok se slastičarska krema hladi, umutite čvrsto vrhnje u čvrsti snijeg. Kada se krema za tijesto ohladi, umiješajte polovicu šlaga dok se ne sjedini. Zatim preklopite preostalu polovicu.

PRIPREMITE CHOUX:
h) Zagrijte mlijeko, vodu, sol i maslac na pari.
i) Dodajte svo brašno odjednom i promiješajte da se svi sastojci sjedine. Nastavite kuhati oko 1 minutu kako biste izbacili dodatnu vlagu.
j) Ovo tijesto prebacite u zdjelu. Pričekajte nekoliko minuta da se ohladi prije dodavanja jaja.
k) Radeći jedno po jedno, dodajte svako jaje u tijesto i tucite da se potpuno sjedini. Kada tijesto postane svilenkasto i pada sa žlice pod svojom težinom, izvadite ga iz zdjele i stavite u vrećicu za pečenje.
l) Koristeći silikonsku podlogu ili papir za pečenje na tavi, izvucite niti od 6 inča (15 cm). Neka budu tanki jer će se tijekom pečenja napuhnuti.
m) Pecite na 360°F (182°C) oko 30-35 minuta dok kolači ne postanu ravnomjerno smeđi i lagano hrskavi. Stavite ih na rešetku za hlađenje da se ohlade.

PRIPREMITE GLAZURU:
n) Otopite bijelu čokoladu na pari ili u mikrovalnoj pećnici u naletima od 30 sekundi. Temperiranje čokolade ovdje nije potrebno. Držite na toplom dok ne budete spremni za glaziranje.
o) Napunite Choux:
p) Čačkalicom napravite dvije rupice na vrhu eklera na suprotnim krajevima.
q) Umetnite vrh i nježno stisnite dok ne vidite da krema za tijesto dosegne drugu stranu. Obrišite rubove od bilo kakvog viška.
r) Glazirajte i dovršite **EKLERE:**
s) Svaki punjeni ekler umočite u glazuru tako da u potpunosti prekrije gornju polovicu. Prstom očistite sve nesavršenosti.
t) Za prugasti efekt brzo prelijte otopljenu čokoladu.
u) Ubrzo nakon punjenja uživajte u dobroti kreme. Dok izdrže nekoliko dana u hladnjaku, omekšat će i razmočiti.

5.Ekleri s ružičastom Mirror glazurom

SASTOJCI:
ZA CHOUX PECIVO:
- 8 unci vode
- 4 unce neslanog maslaca
- ½ žličice košer soli
- 1 žlica granuliranog bijelog šećera
- 5 unci prosijanog brašna za kruh (ili višenamjenskog brašna)
- 1 žličica ekstrakta vanilije
- 8 unci jaja (otprilike 4 velika jaja)
- Roza gel boja za hranu

ZA NADJEV ZA ECLAIR:
- Krema za tijesto od vanilije (možete koristiti već pripremljenu smjesu)

ZA ROZA MIRROR GLAZURU:
- 12 unci komadića bijele čokolade
- 6 unci gustog vrhnja
- Roza gel boja za hranu

ZA DEKORACIJU:
- Kokosove strugotine
- Svježe maline

UPUTE:
PRIPREMITE CHOUX PECIVO:
a) U loncu pomiješajte vodu, neslani maslac, košer sol i granulirani bijeli šećer. Zagrijte na srednje jakoj vatri dok smjesa ne zavrije i dok se maslac potpuno ne otopi.
b) Smanjite vatru i odjednom dodajte prosijano brašno za kruh (ili višenamjensko brašno). Snažno miješajte drvenom kuhačom dok se tijesto ne oblikuje u kuglu i ne odvoji od stijenki posude.
c) Maknite s vatre i ostavite da se ohladi nekoliko minuta.
d) Postupno dodajte jaja, jedno po jedno, dobro miksajući nakon svakog dodavanja. Provjerite je li svako jaje potpuno ugrađeno prije dodavanja sljedećeg.
e) Umiješajte ekstrakt vanilije i nekoliko kapi ružičaste prehrambene boje u gelu kako biste postigli željenu ružičastu boju.

ISPECITE I ISPECITE EKLERE :
f) Zagrijte pećnicu na 375°F (190°C) i obložite lim za pečenje papirom za pečenje.
g) Premjestite tijesto za choux tijesto u slastičarsku vrećicu opremljenu velikim okruglim vrhom.
h) Oblikujte eclair na papir za pečenje, ostavljajući razmak između svakoga.
i) Pecite u prethodno zagrijanoj pećnici oko 25-30 minuta, odnosno dok ekleri ne porumene i ne napuhnu se.
j) Izvadite iz pećnice i ostavite da se potpuno ohlade.

NAPUNITE EKLERE :
k) Kad se ekleri ohlade, vodoravno ih razrežite.
l) Svaki eclair napunite slastičarskom kremom od vanilije pomoću vrećice ili žlice.

PRIPREMITE ROZE MIRROR GLAZURU:
m) U zdjeli prikladnoj za mikrovalnu pomiješajte komadiće bijele čokolade i vrhnje. Stavite u mikrovalnu u intervalima od 30 sekundi, miješajući nakon svakog intervala, dok smjesa ne postane glatka i čokolada se potpuno otopi.
n) Umiješajte ružičastu gel prehrambenu boju dok ne postignete željenu nijansu ružičaste.

GLAZIRAJTE EKLERE :
o) Umočite vrhove svakog eklera u ružičastu ogledalnu glazuru, dopustite da sav višak glazure opadne.
p) Stavite glazirane eklere na rešetku da se stvrdnu.
q) Dok je glazura još malo ljepljiva, po vrhu eklera pospite strugotine kokosa.
r) Na vrh svakog eklera stavite po jednu svježu malinu.
s) Pustite da se glazura potpuno stegne prije posluživanja. Uživajte u ukusnim eklerima s ružičastom glazurom!

6.Ekleri s glaziranom čokoladom i lješnjakom

SASTOJCI:
ZA CHOUX PECIVO:
- 1 šalica vode
- 1/2 šalice neslanog maslaca
- 1 šalica višenamjenskog brašna
- 4 velika jaja

ZA NADJEV:
- 2 šalice slastičarske kreme
- 1/2 šalice Nutelle

ZA MIRROR GLAZURU OD ČOKOLADE LJEŠNJAK:
- 1/2 šalice vode
- 1 šalica granuliranog šećera
- 1/2 šalice zaslađenog kondenziranog mlijeka
- 1 1/2 šalice tamne čokolade, nasjeckane
- 1/4 šalice nasjeckanih lješnjaka (za ukras)

UPUTE:
CHOUX PECIVO:
a) U loncu pomiješajte vodu i maslac. Pustite da prokuha.
b) Dodajte brašno i snažno miješajte dok se smjesa ne oblikuje u kuglu. Maknite s vatre.
c) Pustite da se tijesto malo ohladi, a zatim dodajte jedno po jedno jaje, dobro miješajući nakon svakog dodavanja.
d) Prebacite tijesto u vrećicu za pečenje i izvucite eklere na lim za pečenje.
e) Pecite u prethodno zagrijanoj pećnici na 375°F (190°C) 25-30 minuta ili dok ne porumene.

PUNJENJE:
f) Kad se ekleri ohlade, vodoravno ih prerežite na pola.
g) Nutellu umiješajte u slastičarsku kremu dok se dobro ne sjedini.
h) Napunite svaki eclair nadjevom od čokolade i lješnjaka koristeći vrećicu ili žlicu.

MIRROR GLAZURA OD ČOKOLADNOG LJEŠNJAKA:
i) U loncu pomiješajte vodu, šećer i zaslađeno kondenzirano mlijeko. Zakuhajte.

j) Maknite s vatre i dodajte tamnu čokoladu. Miješajte dok ne postane glatko.
k) Pustite da se glazura ohladi na 90-95°F (32-35°C).

SKUPŠTINA:
l) Postavite rešetku preko lima za pečenje da uhvati višak glazure.
m) Vrh svakog eklera umočite u glazuru od čokolade i lješnjaka, osiguravajući ravnomjeran premaz.
n) Pustite da višak glazure kapne, a zatim prebacite eklere na rešetku.
o) Po vrhu pospite nasjeckane lješnjake za ukras.
p) Pustite da se glazura stegne oko 15 minuta prije posluživanja.
q) Uživajte u slatkim eklerima s glaziranom čokoladom i lješnjakom!

7.Ekleri s glazurom od maline i limuna

SASTOJCI:
ZA CHOUX PECIVO:
- 1 šalica vode
- 1/2 šalice neslanog maslaca
- 1 šalica višenamjenskog brašna
- 4 velika jaja

ZA NADJEV:
- 2 šalice slastičarske kreme
- 1 šalica svježih malina
- Korica od 1 limuna

ZA MIRROR GLAZURU OD MALINE LIMUN:
- 1/2 šalice vode
- 1 šalica granuliranog šećera
- 1/2 šalice zaslađenog kondenziranog mlijeka
- 1 1/2 šalice bijele čokolade, nasjeckane
- Korica od 1 limuna
- 1/2 šalice svježih malina (za ukras)

UPUTE:
CHOUX PECIVO:
a) U loncu pomiješajte vodu i maslac. Pustite da prokuha.
b) Dodajte brašno i snažno miješajte dok se smjesa ne oblikuje u kuglu. Maknite s vatre.
c) Pustite da se tijesto malo ohladi, a zatim dodajte jedno po jedno jaje, dobro miješajući nakon svakog dodavanja.
d) Prebacite tijesto u vrećicu za pečenje i izvucite eklere na lim za pečenje.
e) Pecite u prethodno zagrijanoj pećnici na 375°F (190°C) 25-30 minuta ili dok ne porumene.

PUNJENJE:
f) Kad se ekleri ohlade, vodoravno ih prerežite na pola.
g) Svježe maline i koricu limuna umiješajte u slastičarsku kremu dok se dobro ne sjedini.
h) Napunite svaki eclair nadjevom od maline i limuna pomoću vrećice ili žlice.

MALINA LIMUN MIRROR GLAZURA:
i) U loncu pomiješajte vodu, šećer i zaslađeno kondenzirano mlijeko. Zakuhajte.
j) Maknite s vatre i dodajte bijelu čokoladu. Miješajte dok ne postane glatko.
k) U glazuru dodajte koricu limuna i dobro promiješajte.
l) Pustite da se glazura ohladi na 90-95°F (32-35°C).

SKUPŠTINA:
m) Postavite rešetku preko lima za pečenje da uhvati višak glazure.
n) Umočite vrh svakog eklera u glazuru od maline i limuna, osiguravajući ravnomjeran premaz.
o) Pustite da višak glazure kapne, a zatim prebacite eklere na rešetku.
p) Stavite svježu malinu na vrh svakog eklera za ukras.
q) Pustite da se glazura stegne oko 15 minuta prije posluživanja.

8.Ekleri glazirani s karamelom od kave

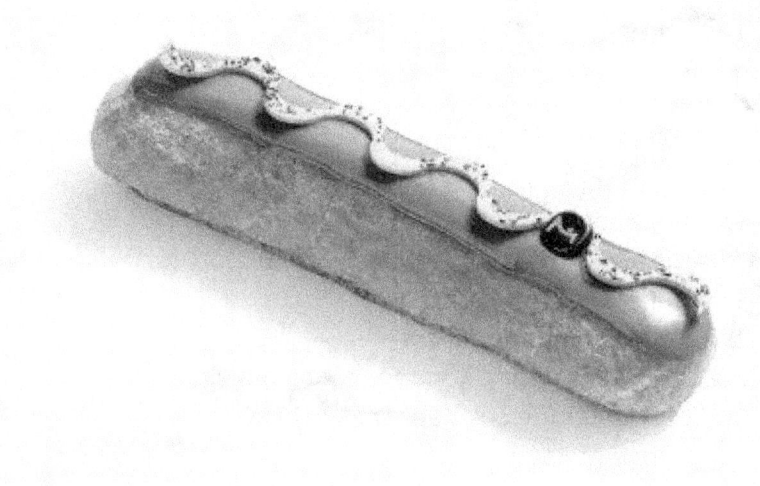

SASTOJCI:
ZA CHOUX PECIVO:
- 1 šalica vode
- 1/2 šalice neslanog maslaca
- 1 šalica višenamjenskog brašna
- 4 velika jaja

ZA NADJEV:
- 2 šalice slastičarske kreme
- 2 žlice instant kave
- 1/2 šalice karamel umaka

ZA KARAMEL MIRROR GLAZURU OD KAVE :
- 1/2 šalice vode
- 1 šalica granuliranog šećera
- 1/2 šalice zaslađenog kondenziranog mlijeka
- 1 1/2 šalice tamne čokolade, nasjeckane
- 2 žlice instant kave

UPUTE:
CHOUX PECIVO:
a) U loncu pomiješajte vodu i maslac. Pustite da prokuha.
b) Dodajte brašno i snažno miješajte dok se smjesa ne oblikuje u kuglu. Maknite s vatre.
c) Pustite da se tijesto malo ohladi, a zatim dodajte jedno po jedno jaje, dobro miješajući nakon svakog dodavanja.
d) Prebacite tijesto u vrećicu za pečenje i izvucite eklere na lim za pečenje.
e) Pecite u prethodno zagrijanoj pećnici na 375°F (190°C) 25-30 minuta ili dok ne porumene.

PUNJENJE:
f) Kad se ekleri ohlade, vodoravno ih prerežite na pola.
g) Otopite instant kavu u maloj količini tople vode. Umiješajte u slastičarsku kremu.
h) Umiješajte karamel umak u slastičarsku kremu s okusom kave dok se dobro ne sjedini.
i) Napunite svaki eclair nadjevom od karamele od kave pomoću vrećice ili žlice.

KARAMEL MIRROR GLAZURA OD KAVE:
j) U loncu pomiješajte vodu, šećer i zaslađeno kondenzirano mlijeko. Zakuhajte.
k) Maknite s vatre i dodajte tamnu čokoladu i instant kavu. Miješajte dok ne postane glatko.
l) Pustite da se glazura ohladi na 90-95°F (32-35°C).

SKUPŠTINA:
m) Postavite rešetku preko lima za pečenje da uhvati višak glazure.
n) Umočite vrh svakog eklera u glazuru od karamele od kave i osigurajte ravnomjeran premaz.
o) Pustite da višak glazure kapne, a zatim prebacite eklere na rešetku.
p) Pustite da se glazura stegne oko 15 minuta prije posluživanja.
q) Uživajte u ukusnim eklerima s glaziranom glaziranom kavom i karamelom!

9. Matcha glazirani ekleri od bijele čokolade

SASTOJCI:
ZA CHOUX PECIVO:
- 1 šalica vode
- 1/2 šalice neslanog maslaca
- 1 šalica višenamjenskog brašna
- 4 velika jaja

ZA NADJEV:
- 2 šalice slastičarske kreme
- 2 žličice matcha praha

ZA MATCHA MIRROR GLAZURU OD BIJELE ČOKOLADE:
- 1/2 šalice vode
- 1 šalica granuliranog šećera
- 1/2 šalice zaslađenog kondenziranog mlijeka
- 1 1/2 šalice bijele čokolade, nasjeckane
- 2 žličice matcha praha

UPUTE:
CHOUX PECIVO:
a) U loncu pomiješajte vodu i maslac. Pustite da prokuha.
b) Dodajte brašno i snažno miješajte dok se smjesa ne oblikuje u kuglu. Maknite s vatre.
c) Pustite da se tijesto malo ohladi, a zatim dodajte jedno po jedno jaje, dobro miješajući nakon svakog dodavanja.
d) Prebacite tijesto u vrećicu za pečenje i izvucite eklere na lim za pečenje.
e) Pecite u prethodno zagrijanoj pećnici na 375°F (190°C) 25-30 minuta ili dok ne porumene.

PUNJENJE:
f) Kad se ekleri ohlade, vodoravno ih prerežite na pola.
g) Umiješajte matcha prah u slastičarsku kremu dok se dobro ne sjedini.
h) Napunite svaki eclair nadjevom s okusom matcha pomoću vrećice ili žlice.

MATCHA GLAZURA OD BIJELE ČOKOLADE :
i) U loncu pomiješajte vodu, šećer i zaslađeno kondenzirano mlijeko. Zakuhajte.

j) Maknite s vatre i dodajte bijelu čokoladu i matcha prah. Miješajte dok ne postane glatko.
k) Pustite da se glazura ohladi na 90-95°F (32-35°C).

SKUPŠTINA:

l) Postavite rešetku preko lima za pečenje da uhvati višak glazure.
m) Umočite vrh svakog eklera u matcha glazuru od bijele čokolade i tako osigurajte ravnomjeran premaz.
n) Pustite da višak glazure kapne, a zatim prebacite eklere na rešetku.
o) Pustite da se glazura stegne oko 15 minuta prije posluživanja.

ČOKOLADNI EKLERI

10. Karamel čokoladni ekleri

SASTOJCI:
- 12 Eclair školjki, bez punjenja
- 2 šalice karamel slastičarske kreme, ohlađene
- 1 šalica čokoladnog ganachea, na sobnoj temperaturi

UPUTE:
a) Pomoću malog noža za guljenje napravite malu rupu na svakom kraju svakog eklera.
b) Slastičarsku vrećicu s malim ravnim vrhom napunite ohlađenom karamel kremom.
c) Umetnite vrh u jednu rupicu eklera i lagano stisnite da ga ispunite. Ponovite postupak za drugu rupu.
d) Nastavite puniti svaki eclair dok svi ne budu ispunjeni ukusnom kremom od karamele.
e) Koristite malu offset lopaticu kako biste ravnomjerno glazirali svaki eclair čokoladnim ganacheom sobne temperature.
f) Pustite da se ganache stegne prije posluživanja ovih izvrsnih karamel čokoladnih eklera.

11. Čokoladni ekleri s nadjevom od kreme

SASTOJCI:
EKLERI:
- 1 šalica vode
- 1/2 šalice maslaca
- 1/4 žličice soli
- 1 šalica brašna
- 4 velika jaja

NADJEV KREMOM:
- 3 šalice mlijeka
- 1/2 šalice šećera
- 3 žlice kukuruznog škroba
- 4 žumanjka
- 2 žličice ekstrakta vanilije

ČOKOLADNA GLAZURA:
- 12 unci poluslatkih komadića čokolade
- 1/4 šalice masti
- 1/4 šalice svijetlog kukuruznog sirupa
- 6 žlica mlijeka

UPUTE:
NADJEV KREMOM:
a) U srednjoj posudi polako zagrijavajte mlijeko dok se oko ruba ne stvore mjehurići.
b) U maloj zdjeli pomiješajte šećer i kukuruzni škrob, dobro promiješajte. Smjesu odjednom umiješajte u vruće mlijeko.
c) Kuhajte uz miješanje na srednjoj vatri dok smjesa ne zakipi. Smanjite vatru i kuhajte 1 minutu.
d) Istucite malu količinu smjese u žumanjke. Ulijte natrag u lonac i kuhajte uz miješanje na srednjoj vatri dok smjesa ne prokuha i ne zgusne se.
e) Umiješajte vaniliju. Stavite voštani papir na površinu kako biste spriječili stvaranje kožice. Stavite u hladnjak do upotrebe. Za 3 šalice, dovoljno za punjenje 12 eklera.

ČOKOLADNA GLAZURA:
f) U vrhu parnog kotla iznad vruće (ne kipuće) vode otopite čokoladu sa maslacem.

g) Dodajte kukuruzni sirup i mlijeko. Miješajte dok smjesa ne postane glatka i dobro izmiješana. Neka se malo ohladi.
h) Glazurom premažite eklere. Za 2 šalice, dovoljno za glaziranje 12 eklera.

EKLERI:

i) Zagrijte pećnicu na 400°F.
j) Zakuhajte vodu, maslac i sol. Maknite s vatre i umiješajte brašno.
k) Tucite na laganoj vatri dok smjesa ne napusti stijenke posude.
l) Maknite s vatre i tucite jaja, jedno po jedno, dok smjesa ne postane sjajna, satenasta i raspada se u nitima.
m) Bacite tijesto tri inča jedno od drugog na nepodmazan lim, oblikujući 12 traka, svaka 4 x 1 inč.
n) Pecite 35 do 40 minuta dok ne zvuče šuplje kada se lupka. Držati dalje od propuha.
o) Zarežite vrhove eklera i napunite kremom.
p) Gornje premazati čokoladnom glazurom, ohladiti i poslužiti.
q) Uživajte u ovim dekadentnim čokoladnim eklerima sa slatkim nadjevom od kreme!

12. Čokoladni Grand Marnier Eclairs

SASTOJCI:
TIJESTO ZA EKLER:
- 3 velika jaja, sobne temperature
- 2/3 šalice vode
- 5 žlica neslanog maslaca, narezanog na kockice od 1/2 inča
- 1/8 žličice soli
- 2/3 šalice prosijanog višenamjenskog brašna
- 1/2 žličice narančine korice

ČOKOLADNI GRAND MARNIER NADJEV:
- 3 unce poluslatke čokolade, grubo nasjeckane
- 3 žlice vode
- 2 žlice Grand Marniera
- 2 žlice hladne vode
- 1 1/2 žličice želatine u prahu bez okusa
- 1 šalica gustog vrhnja
- 1 žlica soka od naranče
- 1/2 šalice slastičarskog šećera

NARANČASTA GLAZURA:
- 1 žlica soka od naranče
- 1/4 šalice slastičarskog šećera

UPUTE:
TIJESTO ZA EKLER:
a) Zagrijte pećnicu na 425 stupnjeva F. Dva lima za pečenje obložite papirom za pečenje.
b) U staklenoj mjernoj posudi miješajte jaja dok se ne sjedine. Ostavite 2 žlice tučenih jaja u malu šalicu.
c) U srednje teškoj tavi pomiješajte vodu, maslac i sol. Zagrijte na srednjoj vatri dok se maslac ne otopi.
d) Pojačajte vatru na srednje jaku i pustite da smjesa zavrije. Maknite s vatre.
e) Žicom za mućenje umiješajte brašno i narančinu koricu. Snažno miješajte dok ne postane glatko.
f) Vratite tavu na vatru neprestano miješajući drvenom kuhačom. Kuhajte 30 do 60 sekundi dok pasta ne postane vrlo glatka kugla.

g) Prebacite pastu u veliku zdjelu. Prelijte tijesto sa 1/2 šalice tučenih jaja i snažno tucite drvenom kuhačom dok smjesa ne postane glatko, mekano tijesto.

PEČENJE EKLERA:

h) Napunite slastičarsku vrećicu s ravnim vrhom od 5/6 inča tijestom za eclair. Zalijepite trake od 5 inča široke otprilike 1/2 inča na pripremljene limove za pečenje, ostavljajući oko 1 1/2 inča između eklera.
i) Umočite prst u malo preostalog tučenog jaja i nježno zagladite sve "repiće" koji su ostali od cijevi. Lagano premažite vrhove eklera s još jajeta.
j) Pecite eklere, jednu po jednu tepsiju, 10 minuta. Otvorite vrata pećnice otprilike 2 inča drškom drvene žlice.
k) Smanjite temperaturu pećnice na 375 stupnjeva F i zatvorite vrata pećnice. Nastavite peći eklere 20 do 25 minuta dok ne postanu hrskavi.
l) Eklere prebacite na rešetku i potpuno ohladite.

ČOKOLADNI GRAND MARNIER NADJEV:

m) Otopite čokoladu s vodom i Grand Marnierom prema uputama za topljenje čokolade.
n) Želatinu u malom loncu prelijte hladnom vodom i ostavite 5 minuta da omekša.
o) Stavite lonac na laganu vatru, kuhajte 2 do 3 minute uz stalno miješanje dok se želatina potpuno ne otopi i smjesa ne postane bistra. Ostavite da se ohladi dok ne bude mlako.
p) U ohlađenoj zdjeli miksera, laganom brzinom umutite čvrsti šlag. Postupno dodajte ohlađenu smjesu želatine u laganom mlazu uz nastavak mućenja.
q) Zaustavite mikser, ostružite stijenku zdjele i dodajte ohlađenu smjesu otopljene čokolade. Nastavite mutiti dok se vrhnje ne počne skupljati. Nemojte pretjerano umutiti.
r) Pokrijte nadjev plastičnom folijom i ohladite 30 minuta.

NARANČASTA GLAZURA:

s) U maloj posudi pomiješajte sok od naranče i slastičarski šećer dok smjesa ne postane glatka.

SASTAVITE I GLAZIRAJTE EKLERE:

t) Izbušite rupu na svakom kraju eklera ražnjićem.

u) Napunite slastičarsku vrećicu s običnim vrhom od 1/6 inča Grand Marnier punjenjem. Umetnite vrh u rupu na svakom kraju eklera i napunite nadjevom.
v) Prelijte narančinu glazuru po vrhu svakog eklera.
w) Po želji ukrasite trakicama narančine kore.
x) Uživajte u ovim izvrsnim čokoladnim Grand Marnier eklerima!

13. Smrznuti čokoladni mint ekleri

SASTOJCI:

TIJESTO ZA EKLER:
- 3 velika jaja, sobne temperature
- 1/2 šalice vode
- 4 1/2 žlice neslanog maslaca, narezanog na kockice od 1/2 inča
- 1 1/2 žlice granuliranog šećera
- 1/2 žličice ekstrakta metvice
- 3/4 šalice prosijanog višenamjenskog brašna
- 3 žlice prosijanog nezaslađenog alkaliziranog kakaovog praha

SMRZNUTA NADJEVA:
- 8 unci krem sira, omekšalog
- 3/4 šalice zaslađenog kondenziranog mlijeka
- 2 žlice bijele creme de menthe
- 4 unce poluslatke čokolade s okusom mente, sitno nasjeckane

ČOKOLADNI UMAK OD METVE:
- 6 unci poluslatke čokolade s okusom mente, sitno nasjeckane
- 2/3 šalice gustog vrhnja
- 2 žlice svijetlog kukuruznog sirupa
- 2 žličice ekstrakta vanilije

UKRASITI:
- Svježa menta

UPUTE:

TIJESTO ZA EKLER:

a) Zagrijte pećnicu na 425 stupnjeva F. Obložite dva lima za pečenje papirom za pečenje.

b) U staklenoj mjernoj posudi miješajte jaja dok se ne sjedine. Ostavite 2 žlice tučenih jaja u malu šalicu.

c) U srednje teškoj tavi pomiješajte vodu, maslac i šećer. Zagrijte na srednjoj vatri dok se maslac ne otopi.

d) Pojačajte vatru na srednje jaku i pustite da smjesa zavrije. Maknite s vatre.

e) Umiješajte ekstrakt metvice. Žicom za mućenje umiješajte brašno i kakao. Snažno miješajte dok smjesa ne postane glatka i dok se ne odvoji od stijenki posude.

f) Vratite tavu na vatru neprestano miješajući drvenom kuhačom. Kuhajte 30 do 60 sekundi dok pasta ne postane vrlo glatka kugla.

g) Prebacite pastu u veliku zdjelu. Prelijte 1/2 šalice tučenih jaja preko paste i snažno tucite drvenom kuhačom 45 do 60 sekundi dok smjesa ne postane glatko, mekano tijesto.
h) Napunite slastičarsku vrećicu s običnim vrhom od 5/6 inča tijestom za eclair. Zalijepite trake od 5 inča široke otprilike 1/2 inča na pripremljene limove za pečenje, ostavljajući oko 1 1/2 inča između eklera.
i) Vrhove eklera lagano premažite preostalim razmućenim jajetom.
j) Pecite eklere 10 minuta, zatim smanjite temperaturu pećnice na 375 stupnjeva F. Nastavite peći 20 do 25 minuta dok ne postanu hrskavi i sjajni. Prebacite na rešetku i potpuno ohladite.

SMRZNUTA NADJEVA:
k) U velikoj zdjeli ručnom električnom miješalicom na srednjoj brzini tucite krem sir dok ne postane glatko.
l) Dodajte zaslađeno kondenzirano mlijeko i liker. Tucite dok ne postane glatko.
m) Umiješajte nasjeckanu čokoladu.
n) Pokrijte površinu nadjeva plastičnom folijom i zamrznite dok se ne stegne, oko 4 sata.

ČOKOLADNI UMAK OD METVE:
o) Stavite čokoladu u zdjelu srednje veličine.
p) U malom, teškom loncu lagano zakuhajte vrhnje i kukuruzni sirup.
q) Vruću smjesu vrhnja prelijte preko čokolade. Pustite da odstoji 30 sekundi da se čokolada otopi.
r) Lagano miješajte dok ne postane glatko.
s) Umiješajte vaniliju.

SASTAVITE EKLERE:
t) Prerežite eklere na pola i uklonite vlažno tijesto.
u) Zagrabite 3 žlice smrznutog nadjeva u svaku polovicu eklera.
v) Vratite vrh eklera.
w) Ulijte topli čokoladni umak od mente na tanjur za posluživanje.
x) Stavite eclair na vrh i pokapajte s još umaka.
y) Ukrasite svježom metvicom.

14. Mini čokoladni ekleri

SASTOJCI:
ZA CHOUX PECIVO:
- 150 ml (oko 5 unci) vode
- 60 g (oko 2 unce) maslaca
- 75 g (oko 2,5 unce) glatkog brašna
- 2 velika jaja

ZA NADJEV:
- 200 ml (oko 7 unci) vrhnja za šlag
- Čokoladni ganache (od otopljene čokolade i vrhnja)

UPUTE:
a) Zagrijte pećnicu na 200°C (390°F). Lim za pečenje obložite papirom za pečenje.
b) U loncu zagrijte vodu i maslac dok se maslac ne otopi. Maknite s vatre i dodajte brašno. Snažno miješajte dok se ne formira kugla tijesta.
c) Pustite da se tijesto malo ohladi, a zatim umiješajte jedno po jedno jaje dok smjesa ne postane glatka i sjajna.
d) Žlicom ili lulom vadite choux tijesto na lim za pečenje u malim oblicima za éclair.
e) Pecite oko 15-20 minuta ili dok ne napuhnu i porumene.
f) Kad se ohladi, vodoravno prerežite svaki éclair na pola. Napunite šlagom i prelijte ganacheom od čokolade.

15. Jello puding od vanilije Ekleri

SASTOJCI:
- 1 paket (3¼ unce) žele pudinga od vanilije i nadjeva za pitu
- 1½ šalice mlijeka
- ½ šalice pripremljenog šlaga iz snova/tučenog preljeva
- 6 žlica maslaca
- ¾ šalice vode
- ¾ šalice prosijanog brašna (višenamjenskog)
- 3 jaja
- 2 kvadrata nezaslađene čokolade
- 2 žlice maslaca
- 1½ šalice neprosijanog šećera
- Malo soli
- 3 žlice mlijeka

UPUTE:
NAPRAVITE NADJEV:
a) Skuhajte smjesu za puding prema uputama na pakiranju. Smanjite mlijeko na 1½ šalice.
b) Pokrijte površinu voštanim papirom.
c) Ohladite 1 sat. Istucite puding dok ne postane glatko.
d) Preliti pripremljenim preljevom.

NAPRAVITE ŠKOLJKE:
e) U loncu zakuhajte 6 žlica maslaca i vodu. Smanjite sluh. Brzo umiješajte brašno. Kuhajte i miješajte dok smjesa ne napusti stijenke tave, oko 2 minute. Maknite s vatre.
f) Umutiti jaja, jedno po jedno. Tucite temeljito dok ne postane satinizirano. Oblikujte 5 x 1-inčni trake od tijesta žlicom na nepodmazanom limu za pečenje, pecite na 425 stupnjeva F 20 minuta, zatim na 350 stupnjeva 30 minuta.

ZA SASTAVLJANJE
g) Školjkama odrežite vrhove. Svaki puniti pudingom. Zamijenite vrhove

NAPRAVITI GLAZURU
h) Na laganoj vatri otopite čokoladu s 2 žlice maslaca.
i) Maknite s vatre i umiješajte šećer, sol i 3 žlice mlijeka. Odmah rasporedite po eklerima.

16. Kolačići i kremasti ekleri

SASTOJCI:
ZA CHOUX PECIVO:
- 1 šalica vode
- 1/2 šalice neslanog maslaca
- 1 šalica višenamjenskog brašna
- 1/2 žličice soli
- 1 žlica šećera
- 4 velika jaja

ZA NADJEV ZA KOLAČIĆE I KREM:
- 1 1/2 šalice gustog vrhnja
- 1/4 šalice šećera u prahu
- 1 žličica ekstrakta vanilije
- 10 čokoladnih sendvič kolačića, zdrobljenih

ZA ČOKOLADNI GANACHE:
- 1 šalica poluslatkih komadića čokolade
- 1/2 šalice gustog vrhnja
- 2 žlice neslanog maslaca

UPUTE:
CHOUX PECIVO:
a) Zagrijte pećnicu na 425°F (220°C). Lim za pečenje obložite papirom za pečenje.
b) U loncu na srednjoj vatri pomiješajte vodu, maslac, sol i šećer. Pustite da prokuha.
c) Maknite s vatre i brzo umiješajte brašno dok ne dobijete tijesto.
d) Vratite posudu na laganu vatru i kuhajte tijesto uz stalno miješanje 1-2 minute da se osuši.
e) Prebacite tijesto u veliku zdjelu za miješanje. Pustite da se ohladi par minuta.
f) Dodajte jaja jedno po jedno, dobro tučeći nakon svakog dodavanja dok tijesto ne postane glatko i sjajno.
g) Premjestite tijesto u vrećicu s velikim okruglim vrhom. Zalijepite trake duge 4 inča na pripremljeni lim za pečenje.
h) Pecite 15 minuta na 425°F, zatim smanjite temperaturu na 375°F (190°C) i pecite dodatnih 20 minuta ili dok ne porumene. Pustiti da se potpuno ohladi.

KOLAČIĆI I NADJEV OD KREMA:
i) U zdjeli za miješanje umutite čvrsto vrhnje dok ne dobijete meke vrhove.
j) Dodajte šećer u prahu i ekstrakt vanilije. Nastavite mutiti dok se ne formiraju čvrsti vrhovi.
k) Lagano umiješajte izlomljene čokoladne sendvič kekse.

ČOKOLADNI GANACHE:
l) Stavite komadiće čokolade u zdjelu otpornu na toplinu.
m) U loncu zagrijte vrhnje dok samo ne počne kuhati.
n) Vruće vrhnje prelijte preko čokolade i ostavite da odstoji minutu.
o) Miješajte dok ne postane glatko, zatim dodajte maslac i miješajte dok se ne otopi.

SKUPŠTINA:
p) Svaki ohlađeni eclair vodoravno prerežite na pola.
q) Na donju polovicu svakog eklera žlicom ili cijedom stavljajte kolačiće i nadjev od kreme.
r) Gornju polovicu eklera stavite na nadjev.
s) Vrh svakog eklera umočite u čokoladni ganache ili žlicom prelijte ganache po vrhu.
t) Ostavite ganache nekoliko minuta da se stegne.
u) Po želji po vrhu pospite još mljevenih kolačića za ukras.
v) Poslužite i uživajte u predivnoj kombinaciji kremastog punjenja i bogatog čokoladnog ganachea u svakom kolačiću i kremastom kremu!

17. Ekleri od čokolade i lješnjaka

SASTOJCI:
ZA CHOUX PECIVO:
- 1 šalica vode
- 1/2 šalice neslanog maslaca
- 1 šalica višenamjenskog brašna
- 4 velika jaja

ZA NADJEV:
- 2 šalice slastičarske kreme
- 1/2 šalice Nutelle (namaz od lješnjaka)

ZA GANACHE OD ČOKOLADE I LJEŠNJAKA:
- 1 šalica tamne čokolade, nasjeckane
- 1/2 šalice gustog vrhnja
- 1/4 šalice nasjeckanih lješnjaka (za ukras)

UPUTE:
CHOUX PECIVO:
a) U loncu pomiješajte vodu i maslac. Pustite da prokuha.
b) Dodajte brašno i snažno miješajte dok se smjesa ne oblikuje u kuglu. Maknite s vatre.
c) Pustite da se tijesto malo ohladi, a zatim dodajte jedno po jedno jaje, dobro miješajući nakon svakog dodavanja.
d) Prebacite tijesto u vrećicu za pečenje i izvucite eklere na lim za pečenje.
e) Pecite u prethodno zagrijanoj pećnici na 375°F (190°C) 25-30 minuta ili dok ne porumene.

PUNJENJE:
f) Kad se ekleri ohlade, vodoravno ih prerežite na pola.
g) Nutellu umiješajte u slastičarsku kremu dok se dobro ne sjedini.
h) Napunite svaki eclair nadjevom od čokolade i lješnjaka koristeći vrećicu ili žlicu.

GANACHE OD ČOKOLADE I LJEŠNJAKA:
i) Zagrijte vrhnje u loncu dok ne počne kuhati.
j) Vruće vrhnje prelijte preko nasjeckane tamne čokolade. Pustite da odstoji minutu, a zatim miješajte dok ne postane glatko.
k) Umočite vrh svakog eklera u ganache od čokolade i lješnjaka, osiguravajući ravnomjeran premaz.
l) Po vrhu pospite nasjeckane lješnjake za ukras.
m) Ostavite ganache da se stegne oko 15 minuta prije posluživanja.
n) Uživajte u dekadentnim čokoladnim eklerima s lješnjacima!

18. Mint čokoladni ekleri

SASTOJCI:
ZA CHOUX PECIVO:
- 1 šalica vode
- 1/2 šalice neslanog maslaca
- 1 šalica višenamjenskog brašna
- 4 velika jaja

ZA NADJEV:
- 2 šalice slastičarske kreme

ZA GANACHE OD ČOKOLADE I MET:
- 1 šalica tamne čokolade, nasjeckane
- 1/2 šalice gustog vrhnja
- 1 žličica ekstrakta paprene metvice

UPUTE:
CHOUX PECIVO:
a) U loncu pomiješajte vodu i maslac. Pustite da prokuha.
b) Dodajte brašno i snažno miješajte dok se smjesa ne oblikuje u kuglu. Maknite s vatre.
c) Pustite da se tijesto malo ohladi, a zatim dodajte jedno po jedno jaje, dobro miješajući nakon svakog dodavanja.
d) Prebacite tijesto u vrećicu za pečenje i izvucite eklere na lim za pečenje.
e) Pecite u prethodno zagrijanoj pećnici na 375°F (190°C) 25-30 minuta ili dok ne porumene.

PUNJENJE:
f) Kad se ekleri ohlade, vodoravno ih prerežite na pola.
g) Pripremite slastičarsku kremu ili upotrijebite kupovnu.
h) Po želji dodajte žličicu ekstrakta paprene metvice u slastičarsku kremu za okus mente. Dobro promiješajte.
i) Napunite svaki eclair slastičarskom kremom s okusom mente pomoću vrećice za pečenje ili žlice.

GANACHE OD ČOKOLADE I MET:
j) Zagrijte vrhnje u loncu dok ne počne kuhati.
k) Vruće vrhnje prelijte preko nasjeckane tamne čokolade. Pustite da odstoji minutu, a zatim miješajte dok ne postane glatko.
l) Dodajte ekstrakt paprene metvice u ganache i dobro promiješajte.
m) Umočite vrh svakog eklera u ganache od čokolade i mente, osiguravajući ravnomjeran premaz.
n) Ostavite ganache da se stegne oko 15 minuta prije posluživanja.
o) Uživajte u svojim osvježavajućim Mint čokoladnim eklerima!

19. Ekleri od bijele čokolade i maline

SASTOJCI:
ZA CHOUX PECIVO:
- 1 šalica vode
- 1/2 šalice neslanog maslaca
- 1 šalica višenamjenskog brašna
- 4 velika jaja

ZA NADJEV:
- 2 šalice komadića bijele čokolade
- 1 šalica gustog vrhnja
- 1/2 šalice džema od malina

ZA GANACHE OD BIJELE ČOKOLADE OD MALINA:
- 1 šalica bijele čokolade, nasjeckane
- 1/2 šalice gustog vrhnja
- Svježe maline (za ukras)

UPUTE:
CHOUX PECIVO:
a) U loncu pomiješajte vodu i maslac. Pustite da prokuha.
b) Dodajte brašno i snažno miješajte dok se smjesa ne oblikuje u kuglu. Maknite s vatre.
c) Pustite da se tijesto malo ohladi, a zatim dodajte jedno po jedno jaje, dobro miješajući nakon svakog dodavanja.
d) Prebacite tijesto u vrećicu za pečenje i izvucite eklere na lim za pečenje.
e) Pecite u prethodno zagrijanoj pećnici na 375°F (190°C) 25-30 minuta ili dok ne porumene.

PUNJENJE:
f) Kad se ekleri ohlade, vodoravno ih prerežite na pola.
g) Zagrijte vrhnje dok ne počne kuhati.
h) Vruće vrhnje prelijte preko komadića bijele čokolade. Pustite da odstoji minutu, a zatim miješajte dok ne postane glatko.
i) Umiješajte džem od malina dok se dobro ne sjedini.
j) Svaki eclair napunite nadjevom od malina od bijele čokolade koristeći vrećicu za pečenje.

GANACHE OD BIJELE ČOKOLADE I MALINA:
k) Zagrijte vrhnje u loncu dok ne počne kuhati.

l) Vruće vrhnje preliti preko nasjeckane bijele čokolade. Pustite da odstoji minutu, a zatim miješajte dok ne postane glatko.
m) Umočite vrh svakog eklera u ganache od bijele čokolade i malina, osiguravajući ravnomjeran premaz.
n) Svaki eclair ukrasite svježim malinama.
o) Ostavite ganache da se stegne oko 15 minuta prije posluživanja.

20. Ekleri od tamne čokolade i naranče

SASTOJCI:
ZA CHOUX PECIVO:
- 1 šalica vode
- 1/2 šalice neslanog maslaca
- 1 šalica višenamjenskog brašna
- 4 velika jaja

ZA NADJEV:
- 2 šalice ganachea od čokolade i naranče
- Narančina korica za ukras

ZA ČOKOLADNU GLAZURU:
- 1/2 šalice tamne čokolade, nasjeckane
- 1/4 šalice neslanog maslaca
- 1 šalica šećera u prahu
- 1/4 šalice vruće vode

UPUTE:
CHOUX PECIVO:
a) U loncu pomiješajte vodu i maslac. Zagrijte na srednjoj vatri dok se maslac ne rastopi i smjesa ne zavrije.
b) Maknite s vatre, odjednom dodajte brašno i snažno miješajte dok smjesa ne postane kugla.
c) Pustite da se tijesto ohladi nekoliko minuta, a zatim dodajte jedno po jedno jaje, dobro umutite nakon svakog dodavanja.
d) Prebacite tijesto u vrećicu za pečenje i izvucite eklere na lim za pečenje.
e) Pecite u prethodno zagrijanoj pećnici na 375°F (190°C) oko 30 minuta ili dok ne porumene. Ostaviti da se ohladi.

PUNJENJE:
f) Pripremite ganache od čokoladne naranče tako da otopite tamnu čokoladu i u smjesu umiješate koricu naranče.
g) Nakon što se ganache malo ohladi, ali je još uvijek sipak, napunite eklere ubrizgavanjem ili razmazivanjem ganachea u sredinu.

ČOKOLADNA GLAZURA:
h) U zdjeli otpornoj na toplinu otopite čokoladu i maslac na pari.
i) Maknite s vatre, dodajte šećer u prahu i postupno umiješajte vruću vodu dok smjesa ne postane glatka.

j) Umočite vrh svakog eklera u čokoladnu glazuru, pustite da višak iscuri.
k) Pospite dodatnu koricu naranče na vrh svakog eklera za navalu citrusnog okusa.
l) Punjene i glazirane eklere stavite u hladnjak na 30-tak minuta da se čokolada stegne.
m) Poslužite ohlađeno i uživajte u prekrasnoj kombinaciji tamne čokolade i naranče u ovim jedinstvenim eklerima!

21. Začinjeni meksički čokoladni ekleri

SASTOJCI:
ZA CHOUX PECIVO:
- 1 šalica vode
- 1/2 šalice neslanog maslaca
- 1 šalica višenamjenskog brašna
- 4 velika jaja

ZA NADJEV:
- 2 šalice ganachea od čokolade i cimeta
- Prstohvat kajenskog papra

ZA ČOKOLADNU GLAZURU:
- 1/2 šalice tamne čokolade, nasjeckane
- 1/4 šalice neslanog maslaca
- 1 šalica šećera u prahu
- 1/4 žličice mljevenog cimeta

UPUTE:
CHOUX PECIVO:
a) U loncu pomiješajte vodu i maslac. Zagrijte na srednjoj vatri dok se maslac ne rastopi i smjesa ne zavrije.
b) Maknite s vatre, odjednom dodajte brašno i snažno miješajte dok smjesa ne postane kugla.
c) Pustite da se tijesto ohladi nekoliko minuta, a zatim dodajte jedno po jedno jaje, dobro umutite nakon svakog dodavanja.
d) Prebacite tijesto u vrećicu za pečenje i izvucite eklere na lim za pečenje.
e) Pecite u prethodno zagrijanoj pećnici na 375°F (190°C) oko 30 minuta ili dok ne porumene. Ostaviti da se ohladi.

PUNJENJE:
f) Pripremite ganache od čokoladnog cimeta tako da otopite tamnu čokoladu i u smjesu umiješate mljeveni cimet.
g) Dodajte prstohvat kajenskog papra u ganache, prilagodite okus.
h) Nakon što se ganache malo ohladi, ali se još uvijek može izliti, napunite eklere ubrizgavanjem ili širenjem začinjene čokoladne smjese u sredinu.

ČOKOLADNA GLAZURA:
i) U zdjeli otpornoj na toplinu otopite čokoladu i maslac na pari.

j) Maknite s vatre, dodajte šećer u prahu i postupno umiješajte vruću vodu dok smjesa ne postane glatka.
k) Umočite vrh svakog eklera u čokoladnu glazuru, pustite da višak iscuri.
l) Napunjene i glazirane eklere ostavite u hladnjaku oko 30 minuta da se stegne.
m) Poslužite ohlađeno i uživajte u jedinstvenoj kombinaciji pikantne meksičke čokolade u ovim eklerima!

22. Čokoladni ekleri praline od lješnjaka

SASTOJCI:
ZA CHOUX PECIVO:
- 1 šalica vode
- 1/2 šalice neslanog maslaca
- 1 šalica višenamjenskog brašna
- 4 velika jaja

ZA NADJEV:
- 2 šalice praline kreme od lješnjaka

ZA ČOKOLADNU GLAZURU:
- 1/2 šalice tamne čokolade, nasjeckane
- 1/4 šalice neslanog maslaca
- Mljeveni lješnjaci za ukras

PUTE:
CHOUX PECIVO:
a) U loncu pomiješajte vodu i maslac. Zagrijte na srednjoj vatri dok se maslac ne rastopi i smjesa ne zavrije.
b) Maknite s vatre, odjednom dodajte brašno i snažno miješajte dok smjesa ne postane kugla.
c) Pustite da se tijesto ohladi nekoliko minuta, a zatim dodajte jedno po jedno jaje, dobro umutite nakon svakog dodavanja.
d) Prebacite tijesto u vrećicu za pečenje i izvucite eklere na lim za pečenje.
e) Pecite u prethodno zagrijanoj pećnici na 375°F (190°C) oko 30 minuta ili dok ne porumene. Ostaviti da se ohladi.

PUNJENJE:
f) Praline kremu od lješnjaka pripremite tako da u temeljnu slastičarsku kremu ili kremu umiješate mljevene lješnjake.
g) Nakon što je pralina od lješnjaka gotova, punite eklere ubrizgavanjem ili razmazivanjem kreme u sredinu.

ČOKOLADNA GLAZURA:
h) U zdjeli otpornoj na toplinu otopite čokoladu i maslac na pari.
i) Umočite vrh svakog eklera u čokoladnu glazuru, pustite da višak iscuri.
j) Po vrhu svakog eklera pospite mljevene lješnjake za dodatni okus i teksturu.
k) Napunjene i glazirane eklere ostavite u hladnjaku oko 30 minuta da se stegne.
l) Poslužite ohlađeno i uživajte u prekrasnoj kombinaciji pralina od lješnjaka i čokolade u ovim eklerima!

23. Crème Brûlée čokoladni ekleri

SASTOJCI:
ZA CHOUX PECIVO:
- 1 šalica vode
- 1/2 šalice neslanog maslaca
- 1 šalica višenamjenskog brašna
- 4 velika jaja

ZA NADJEV:
- 2 šalice čokoladne kreme (ili čokoladne kreme)

ZA PRELJEV CRÈME BRÛLÉE:
- 1/4 šalice granuliranog šećera
- Kuhinjski plamenik za karameliziranje

UPUTE:
CHOUX PECIVO:
a) U loncu pomiješajte vodu i maslac. Zagrijte na srednjoj vatri dok se maslac ne rastopi i smjesa ne zavrije.
b) Maknite s vatre, odjednom dodajte brašno i snažno miješajte dok smjesa ne postane kugla.
c) Pustite da se tijesto ohladi nekoliko minuta, a zatim dodajte jedno po jedno jaje, dobro umutite nakon svakog dodavanja.
d) Prebacite tijesto u vrećicu za pečenje i izvucite eklere na lim za pečenje.
e) Pecite u prethodno zagrijanoj pećnici na 375°F (190°C) oko 30 minuta ili dok ne porumene. Ostaviti da se ohladi.

PUNJENJE:
f) Pripremite čokoladnu kremu ili čokoladnu slastičarsku kremu i ostavite da se ohladi.
g) Nakon što se choux tijesto ohladi, napunite eklere ubrizgavanjem ili namazanjem čokoladne kreme u sredinu.

PRELJEV CRÈME BRÛLÉE:
h) Po vrhu svakog eklera pospite tanak, ravnomjeran sloj šećera u prahu.
i) Kuhinjskim plamenikom karamelizirajte šećer dok ne dobije zlatno-smeđu koricu. Pomičite plamenik kružnim pokretima kako biste osigurali ravnomjernu karamelizaciju.
j) Pustite nekoliko minuta da se karamelizirani šećer ohladi i stvrdne.
k) Poslužite Crème Brûlée Chocolate Éclairs uz divan kontrast hrskavog karameliziranog preljeva i kremastog čokoladnog punjenja.

24. Čokoladni ekleri bez glutena

SASTOJCI:
ZA CHOUX PECIVO BEZ GLUTENA:
- 1 šalica vode
- 1/2 šalice neslanog maslaca
- 1 šalica višenamjenskog brašna bez glutena
- 1/2 žličice ksantan gume (ako nije uključena u mješavinu brašna)
- 4 velika jaja

ZA NADJEV:
- 2 šalice čokoladne kreme bez glutena

ZA ČOKOLADNU GLAZURU:
- 1/2 šalice tamne čokolade, nasjeckane
- 1/4 šalice neslanog maslaca
- 1 šalica šećera u prahu
- 1/4 šalice vruće vode

UPUTE:
CHOUX PECIVA BEZ GLUTENA:
a) Zagrijte pećnicu na 375°F (190°C) i obložite lim za pečenje papirom za pečenje.
b) U loncu pomiješajte vodu i maslac. Zagrijte na srednjoj vatri dok se maslac ne rastopi i smjesa ne zavrije.
c) Maknite s vatre, dodajte bezglutensko brašno i ksantan gumu (ako je potrebno) i snažno miješajte dok se smjesa ne oblikuje u kuglu.
d) Ostavite tijesto da se ohladi nekoliko minuta, a zatim dodajte jedno po jedno jaje, dobro tučeći nakon svakog dodavanja.
e) Prebacite choux tijesto bez glutena u vrećicu za maramicu i izlijte eklere na pripremljeni lim za pečenje.
f) Pecite oko 30 minuta ili dok ne porumene. Ostaviti da se ohladi.

PUNJENJE:
g) Pripremite bezglutensku čokoladnu kremu i ostavite je da se ohladi.
h) Nakon što se choux tijesto bez glutena ohladi, napunite eklere ubrizgavanjem ili premazivanjem čokoladne kreme u sredinu.

ČOKOLADNA GLAZURA:

i) U zdjeli otpornoj na toplinu otopite tamnu čokoladu i maslac na pari.
j) Maknite s vatre, dodajte šećer u prahu i postupno umiješajte vruću vodu dok smjesa ne postane glatka.
k) Umočite vrh svakog bezglutenskog eklera u čokoladnu glazuru, dopustite da višak iscuri.
l) Ostavite punjene i glazirane eklere bez glutena da se stegne u hladnjaku oko 30 minuta.
m) Poslužite ohlađeno i uživajte u bezglutenskoj verziji ovih ukusnih čokoladnih eklera!

25. Eclairs od čokolade i slane karamele

SASTOJCI:
ZA CHOUX PECIVO:
- 1 šalica vode
- 1/2 šalice neslanog maslaca
- 1 šalica višenamjenskog brašna
- 4 velika jaja

ZA NADJEV:
- 2 šalice kreme od slane karamele
- Dodatna morska sol za ukrašavanje

ZA ČOKOLADNU GLAZURU:
- 1/2 šalice tamne čokolade, nasjeckane
- 1/4 šalice neslanog maslaca
- 1 šalica šećera u prahu
- 1/4 šalice vruće vode

UPUTE:
CHOUX PECIVO:
a) Zagrijte pećnicu na 375°F (190°C) i obložite lim za pečenje papirom za pečenje.
b) U loncu pomiješajte vodu i maslac. Zagrijte na srednjoj vatri dok se maslac ne rastopi i smjesa ne zavrije.
c) Maknite s vatre, dodajte brašno i snažno miješajte dok smjesa ne postane kugla.
d) Pustite da se tijesto ohladi nekoliko minuta, a zatim dodajte jedno po jedno jaje, dobro umutite nakon svakog dodavanja.
e) Prebacite tijesto u vrećicu za pečenje i izlijte eklere na pripremljeni lim za pečenje.
f) Pecite oko 30 minuta ili dok ne porumene. Ostaviti da se ohladi.

PUNJENJE:
g) Pripremite slanu karamel kremu tako da u osnovnu slastičarsku kremu ili kremu umiješate morsku sol.
h) Nakon što se choux tijesto ohladi, napunite eklere ubrizgavanjem ili namazanjem slane karamel kreme u sredinu.

ČOKOLADNA GLAZURA:
i) U zdjeli otpornoj na toplinu otopite tamnu čokoladu i maslac na pari.

j) Maknite s vatre, dodajte šećer u prahu i postupno umiješajte vruću vodu dok smjesa ne postane glatka.
k) Umočite vrh svakog eklera u čokoladnu glazuru, pustite da višak iscuri.
l) Pospite prstohvatom morske soli na vrh svakog eclaira s čokoladnom glazurom za dodatni okus slane karamele.
m) Napunjene i glazirane eklere ostavite u hladnjaku oko 30 minuta da se stegne.
n) Poslužite ohlađeno i uživajte u izvrsnoj kombinaciji čokolade i slane karamele u ovim eklerima!

26.Čokoladni ekleri punjeni pralinama

SASTOJCI:
ZA CHOUX PECIVO:
- 1 šalica vode
- 1/2 šalice neslanog maslaca
- 1 šalica višenamjenskog brašna
- 4 velika jaja

ZA NADJEV:
- 2 šalice praline kreme od lješnjaka

ZA ČOKOLADNU GLAZURU:
- 1/2 šalice tamne čokolade, nasjeckane
- 1/4 šalice neslanog maslaca
- Mljeveni lješnjaci za ukras

UPUTE:
CHOUX PECIVO:
a) Zagrijte pećnicu na 375°F (190°C) i obložite lim za pečenje papirom za pečenje.
b) U loncu pomiješajte vodu i maslac. Zagrijte na srednjoj vatri dok se maslac ne rastopi i smjesa ne zavrije.
c) Maknite s vatre, dodajte brašno i snažno miješajte dok smjesa ne postane kugla.
d) Pustite da se tijesto ohladi nekoliko minuta, a zatim dodajte jedno po jedno jaje, dobro umutite nakon svakog dodavanja.
e) Prebacite tijesto u vrećicu za pečenje i izlijte eklere na pripremljeni lim za pečenje.
f) Pecite oko 30 minuta ili dok ne porumene. Ostaviti da se ohladi.

PUNJENJE:
g) Praline kremu od lješnjaka pripremite tako da u temeljnu slastičarsku kremu ili kremu umiješate mljevene lješnjake.
h) Nakon što se choux tijesto ohladi, napunite eklere tako da u sredinu ubrizgate ili namažete praline kremu od lješnjaka.

ČOKOLADNA GLAZURA:
i) U zdjeli otpornoj na toplinu otopite tamnu čokoladu i maslac na pari.
j) Umočite vrh svakog eklera u čokoladnu glazuru, pustite da višak iscuri.

k) Po vrhu svakog eklera pospite mljevene lješnjake za dodatni okus i teksturu.
l) Napunjene i glazirane eklere ostavite u hladnjaku oko 30 minuta da se stegne.
m) Poslužite ohlađeno i uživajte u prekrasnoj kombinaciji pralina i čokolade u ovim eklerima!

27. Eclairs od čokolade i pistacija

SASTOJCI:
ZA CHOUX PECIVO:
- 1 šalica vode
- 1/2 šalice neslanog maslaca
- 1 šalica višenamjenskog brašna
- 4 velika jaja

ZA NADJEV:
- 2 šalice slastičarske kreme od pistacija

ZA ČOKOLADNU GLAZURU:
- 1/2 šalice tamne čokolade, nasjeckane
- 1/4 šalice neslanog maslaca
- Mljeveni pistacije za ukras

UPUTE:
CHOUX PECIVO:
a) Zagrijte pećnicu na 375°F (190°C) i obložite lim za pečenje papirom za pečenje.
b) U loncu pomiješajte vodu i maslac. Zagrijte na srednjoj vatri dok se maslac ne rastopi i smjesa ne zavrije.
c) Maknite s vatre, dodajte brašno i snažno miješajte dok smjesa ne postane kugla.
d) Pustite da se tijesto ohladi nekoliko minuta, a zatim dodajte jedno po jedno jaje, dobro umutite nakon svakog dodavanja.
e) Prebacite tijesto u vrećicu za pečenje i izlijte eklere na pripremljeni lim za pečenje.
f) Pecite oko 30 minuta ili dok ne porumene. Ostaviti da se ohladi.

PUNJENJE:
g) Kremu od pistacija pripremite tako da u osnovnu kremu ili kremu od tijesta umiješate mljevene pistacije.
h) Nakon što se choux tijesto ohladi, napunite eklere tako da u sredinu ubrizgate ili namažete kremu od pistacija.

ČOKOLADNA GLAZURA:
i) U zdjeli otpornoj na toplinu otopite tamnu čokoladu i maslac na pari.
j) Umočite vrh svakog eklera u čokoladnu glazuru, pustite da višak iscuri.

k) Po vrhu svakog eklera pospite zdrobljene pistacije za dodatni okus i teksturu.
l) Napunjene i glazirane eklere ostavite u hladnjaku oko 30 minuta da se stegne.
m) Poslužite ohlađeno i uživajte u prekrasnoj kombinaciji čokolade i pistacija u ovim eklerima!

28. Čokoladni Mousse Eclairs

SASTOJCI:
ZA CHOUX PECIVO:
- 1 šalica vode
- 1/2 šalice neslanog maslaca
- 1 šalica višenamjenskog brašna
- 4 velika jaja

ZA ČOKOLADNI MOUSSE NADJEV:
- 1 1/2 šalice gustog vrhnja
- 1 šalica tamne čokolade, nasjeckane
- 1/4 šalice granuliranog šećera
- 1 žličica ekstrakta vanilije

ZA ČOKOLADNU GLAZURU:
- 1/2 šalice tamne čokolade, nasjeckane
- 1/4 šalice neslanog maslaca
- 1 šalica šećera u prahu
- 1/4 šalice vruće vode

UPUTE:
CHOUX PECIVO:
a) Zagrijte pećnicu na 375°F (190°C) i obložite lim za pečenje papirom za pečenje.
b) U loncu pomiješajte vodu i maslac. Zagrijte na srednjoj vatri dok se maslac ne rastopi i smjesa ne zavrije.
c) Maknite s vatre, dodajte brašno i snažno miješajte dok smjesa ne postane kugla.
d) Pustite da se tijesto ohladi nekoliko minuta, a zatim dodajte jedno po jedno jaje, dobro umutite nakon svakog dodavanja.
e) Premjestite tijesto u vrećicu za pečenje i izlijte éclairs na pripremljeni lim za pečenje.
f) Pecite oko 30 minuta ili dok ne porumene. Ostaviti da se ohladi.

ČOKOLADNI MOUSSE NADJEV:
g) U zdjeli otpornoj na toplinu otopite tamnu čokoladu na parnom kotlu ili u mikrovalnoj pećnici, miješajući dok ne postane glatka. Neka se malo ohladi.
h) U posebnoj zdjeli umutite čvrsto vrhnje dok se ne formiraju mekani vrhovi. Dodajte šećer i ekstrakt vanilije i nastavite mutiti dok se ne formiraju čvrsti vrhovi.

i) Nježno umiješajte otopljenu čokoladu u šlag dok se dobro ne sjedini.
j) Nakon što se éclairs ohlade, napunite ih čokoladnim mousseom tako da ubrizgate ili rasporedite mousse u sredinu.

ČOKOLADNA GLAZURA:

k) U zdjeli otpornoj na toplinu otopite tamnu čokoladu i maslac na pari.
l) Maknite s vatre, dodajte šećer u prahu i postupno umiješajte vruću vodu dok smjesa ne postane glatka.
m) Umočite gornji dio svakog éclaira u čokoladnu glazuru, dopustite da višak iscuri.
n) Ostavite punjene i glazirane éclairs da se stegne u hladnjaku oko 30 minuta.
o) Poslužite ohlađeno i uživajte u dekadentnim i kremastim Chocolate Mousse Éclairs

VOĆNI EKLERI

29. Ekleri s pjenom od maline i breskve

SASTOJCI:
TIJESTO ZA EKLER:
- 3 velika jaja, sobne temperature
- 2/3 šalice vode
- 5 žlica neslanog maslaca, narezanog na kockice od 1/2 inča
- 3/16 žličice soli
- 2/3 šalice prosijanog višenamjenskog brašna
- 1/2 žličice limunove korice

MALINA-BRESKVA MOUSSE NADJEV:
- 1/4 šalice hladne vode
- 1 omotnica želatine u prahu bez okusa
- 1 šalica gustog vrhnja, podijeljena
- 1 žlica granuliranog šećera
- 4 unce švicarske bijele čokolade, grubo nasjeckane
- 1/2 šalice smrznutih malina, odmrznutih
- 2 žlice Chambord likera
- 1/2 šalice sitno nasjeckanih svježih ili konzerviranih breskvi

UMAK OD MALINA:
- 1 vrećica (12 oz) smrznutih malina
- 3/4 šalice granuliranog šećera
- 2 žlice Chambord likera

UKRASITI:
- Šećer u prahu
- Kriške breskve
- Mint (nije obavezno)

UPUTE:
TIJESTO ZA EKLER:
a) Zagrijte pećnicu na 425 stupnjeva F. Obložite dva lima za pečenje papirom za pečenje.
b) U staklenoj mjernoj posudi miješajte jaja dok se ne sjedine. Ostavite 2 žlice tučenih jaja u malu šalicu.
c) U srednje teškoj tavi pomiješajte vodu, maslac i sol. Zagrijte na srednjoj vatri dok se maslac ne otopi.
d) Pojačajte vatru na srednje jaku i pustite da smjesa zavrije. Maknite s vatre.

e) Žicom za mućenje umiješajte brašno i koricu limuna. Snažno miješajte dok smjesa ne postane glatka i dok se ne odvoji od stijenke posude.
f) Vratite tavu na vatru neprestano miješajući drvenom kuhačom. Kuhajte 30 do 60 sekundi dok pasta ne postane vrlo glatka kugla.
g) Prebacite pastu u veliku zdjelu.
h) Prelijte rezerviranu 1/2 šalice tučenih jaja preko paste i snažno tucite drvenom kuhačom 45 do 60 sekundi dok smjesa ne postane glatko, mekano tijesto.
i) Napunite slastičarsku vrećicu s ravnim vrhom od 5/16 inča tijestom za eclair. Zalijepite 4 trake od 1/2 inča široke približno 1/2 inča na pripremljene limove za pečenje, ostavljajući oko 1 1/2 inča između eklera.
j) Vrhove eklera lagano premažite preostalim razmućenim jajetom.
k) Pecite eklere 10 minuta, zatim smanjite temperaturu pećnice na 375 stupnjeva F. Nastavite peći 20 do 25 minuta dok ne poprime duboku zlatnosmeđu boju. Prebacite na rešetku i potpuno ohladite.

MALINA-BRESKVA MOUSSE NADJEV:
l) Stavite hladnu vodu u malu šalicu. Želatinu pospite vodom i ostavite stajati 5 minuta da želatina omekša.
m) U malom loncu pomiješajte 1/2 šalice vrhnja i šećer. Kuhajte na srednjoj vatri uz neprestano miješanje dok smjesa lagano ne zavrije.
n) U vruću kremu dodajte omekšalu želatinu i mutite dok se želatina potpuno ne otopi.
o) Bijelu čokoladu izraditi u sjeckalici dok se ne usitni. Dodajte vruću smjesu vrhnja i miješajte dok ne bude potpuno glatka.
p) U smjesu bijele čokolade dodajte odmrznute maline i Chambord. Procesirajte dok ne postane glatko.
q) Premjestite smjesu u srednje veliku zdjelu i umiješajte nasjeckane breskve.
r) U ohlađenoj zdjeli srednje veličine, pomoću ručnog električnog miksera postavljenog na srednju brzinu, tucite preostalu 1/2 šalice vrhnja dok se ne počnu formirati mekani vrhovi.

s) Nježno umiješajte šlag u smjesu od bijele čokolade i malina.
t) Pokrijte površinu moussea plastičnom folijom i stavite u hladnjak na 15 minuta, ili dok se ne zgusne do stupnja u kojem se formiraju mekani brežuljci. Nemojte dopustiti da se mousse potpuno stegne.

UMAK OD MALINA:
u) U srednje velikoj tavi pomiješajte smrznute maline i šećer. Kuhajte na srednjoj vatri uz stalno miješanje dok se šećer potpuno ne otopi, a bobice omekšaju. Nemojte dopustiti da smjesa prokuha.
v) Procijedite smjesu malina kroz fino sito u zdjelu.
w) Umiješajte Chambord. Pokrijte i ohladite do posluživanja.

SASTAVITE EKLERE:
x) Prerežite eklere na pola i uklonite vlažno tijesto.
y) Napunite svaki eclair s otprilike tri žlice mousse nadjeva od maline i breskve.
z) Vratite vrh eklera.
aa) Po želji eklere pospite slastičarskim šećerom.
bb) Pokapajte malo umaka od malina na svaki desertni tanjur.
cc) Vrh stavite eklerom.
dd) Po želji ukrasite kriškama breskve i mentom.

30. naranča Ekleri

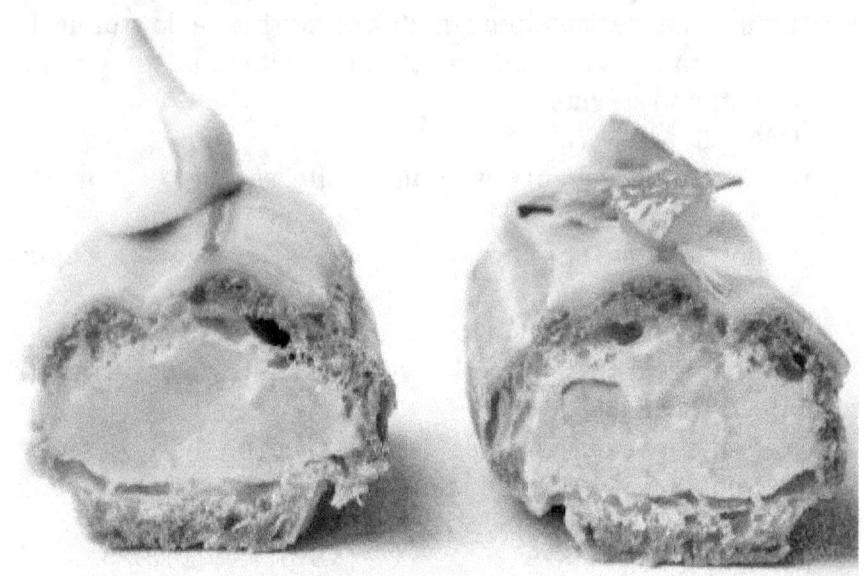

SASTOJCI:
EKLERI:
- 3 žlice 70% namaza od mlaćenice i biljnog ulja
- 1/4 žličice soli
- 3/4 šalice višenamjenskog brašna
- 2 jaja
- 1 bjelanjak

SLASTIČARSKA KREMA:
- 2/3 šalice 1% mlijeka s niskim udjelom masnoće
- 3 žlice šećera
- 4 žličice višenamjenskog brašna
- 2 žličice kukuruznog škroba
- 1/8 žličice soli
- 1 žumanjak
- 1 žličica namaza od 70% mlaćenice i biljnog ulja
- 2 žličice ribane narančine korice
- 1 žličica ekstrakta naranče
- 1/2 žličice vanilije
- 12 šalica smrznutog nemasnog tučenog preljeva bez mliječnih proizvoda, odmrznutog

ČOKOLADNA GLAZURA:
- 1/4 šalice nemasnog zaslađenog kondenziranog mlijeka
- 2 žlice nezaslađenog kakaa u prahu
- 2-4 žličice vode (po potrebi)

UPUTE:
EKLERI:
a) U malom loncu pomiješajte namaz od biljnog ulja, sol i 3/4 šalice vode. Pustite da prokuha. Maknite s vatre.
b) Dodajte sve brašno odjednom i brzo miješajte drvenom kuhačom dok se smjesa ne sjedini u kuglu.
c) Stavite lonac na laganu vatru 3-4 minute da se tijesto osuši, neprestano miješajući drvenom kuhačom. Tijesto treba biti mekano i ne ljepljivo.
d) Premjestite tijesto u procesor hrane ili veliku zdjelu snažnog električnog miksera. Ohladite 5 minuta.
e) Dodajte jaja i bjelanjak, jedno po jedno, miksajući dok ne bude potpuno glatko nakon svakog dodavanja.

f) Premažite lim za pečenje neljepljivim sprejem. Tijestom napunite veliku slastičarsku vrećicu (bez vrha). Istisnite 8 eklera, svaki promjera 1" i duljine 4" na lim za pečenje. Pustite ih da odstoje barem 10 minuta da se osuše.
g) Zagrijte pećnicu na 375°F. Pecite 35-40 minuta ili dok ne poprimi zlatnu boju i ispeče se do kraja. Prebacite na rešetku da se ohladi.

SLASTIČARSKA KREMA:
h) U malom loncu pomiješajte mlijeko, šećer, brašno, kukuruzni škrob i sol dok se ne sjedine.
i) Kuhajte na srednjoj vatri uz stalno miješanje dok smjesa ne zakipi i ne zgusne se 4-5 minuta.
j) Maknite s vatre. U manjoj posudi lagano umutiti žumanjak. Postupno umiješajte oko 1/4 šalice mješavine vrućeg mlijeka.
k) Umutite smjesu žumanjaka natrag u smjesu mlijeka u tavi. Vratite tavu na srednje nisku vatru i miješajte smjesu dok ne počne ključati, oko 30 sekundi. Maknite s vatre.
l) Umiješajte namaz od biljnog ulja, koricu i ekstrakte naranče i vanilije dok se smjesa ne postane glatka i otopi. Premjestite u zdjelu.
m) Pritisnite plastičnu foliju izravno na površinu. Ohladite na sobnoj temperaturi, zatim dobro ohladite u hladnjaku, oko 2 sata.
n) Dodati umućeni preljev. Stavite u hladnjak dok ne budete spremni za sastavljanje.

SASTAVLJANJE EKLERA:
o) Svaki eclair prerežite po dužini na pola.
p) Na dno svakog eklera žlicom stavite oko 3 žlice slastičarske kreme. Zamijenite vrhove.

ČOKOLADNA GLAZURA:
q) U malom loncu pomiješajte kondenzirano mlijeko i kakao prah.
r) Zagrijte na laganoj vatri, neprestano miješajući, dok smjesa ne zabubri i ne zgusne se, 1-2 minute.
s) Rasporedite po vrhovima eklera. Ako je glazura pregusta, razrijedite sa 2-4 žlice vode.
t) Poslužite odmah i uživajte u ovim ukusnim Eclairs à l'Orange!

31. Ekleri od marakuje

SASTOJCI:
ZA ECLAIRE:
- ½ šalice neslanog maslaca
- 1 šalica vode
- 1 šalica višenamjenskog brašna
- ¼ žličice košer soli
- 4 jaja

ZA KREMU OD MARAKUJE:
- 6 marakuje (u soku)
- 5 žumanjaka
- ⅓ šalice kukuruznog škroba
- ¼ žličice košer soli
- ⅔ šalice granuliranog šećera
- 2 šalice punomasnog mlijeka
- 1 žlica maslaca

UPUTE:
ZA ECLAIRE:
a) Zagrijte pećnicu na 425°F.
b) U velikom loncu na štednjaku zakuhajte vodu i maslac.
c) Umiješajte sol, a nakon što se otopi dodajte brašno, miješajte dok se ne napravi želatinasta kugla.
d) Vruće tijesto prebacite u zdjelu za miješanje i ostavite da se ohladi 2 minute.
e) Dodajte jedno po jedno jaje, miješajući dok se potpuno ne sjedini.
f) Premjestite tijesto u vrećicu za pipanje.
g) Na lim za pečenje obložen papirom za pečenje izvucite 3 inča dugačke cijevi tijesta.
h) Pecite dok ne porumene, otprilike 20-25 minuta.
i) Ostavite eklere da se ohlade, a zatim ih prepolovite, stavljajući nadjev između polovica ili upotrijebite slastičarsku vrećicu za ubacivanje nadjeva unutra.

ZA KREMU OD MARAKUJE:
j) Iscijedite sok od marakuje, procijedite da uklonite sjemenke.
k) U zdjeli pomiješajte žumanjke, kukuruzni škrob, sol i šećer.

l) Postupno dodavajte vruće mlijeko u smjesu jaja uz stalno miješanje kako biste spriječili miješanje.
m) Smjesu izlijte natrag u lonac i zagrijavajte na srednjoj vatri dok se ne zgusne kao puding.
n) Maknite s vatre, dodajte sok od marakuje i maslac u vruću slastičarsku kremu, miješajući dok se potpuno ne sjedini.
o) Ostavite slastičarsku kremu da se ohladi na sobnoj temperaturi, a zatim je ostavite u hladnjaku pokrivenu plastičnom folijom do 3 dana.
p) Kada ste spremni za sastavljanje, ohlađenu slastičarsku kremu prebacite u slastičarsku vrećicu, narežite eclair i napunite unutrašnjost kremom.

32. Voćni ekleri od cjelovitog zrna pšenice

SASTOJCI:
CHOUX PECIVO:
- ½ šalice vode
- ¼ šalice neslanog maslaca
- Prstohvat soli
- ¼ šalice višenamjenskog brašna
- ¼ šalice integralnog pšeničnog brašna
- 2 komada cijela jaja

PUNJENJE:
- 1 šalica nemasnog mlijeka – ili nemliječnog mlijeka od orašastih plodova
- 2 žlice mješavine stevia šećera
- 1 komad žumanjka
- 2 žlice kukuruznog škroba
- Prstohvat soli
- 1 žličica vanilije
- ½ šalice vrhnja za šlag
- Svježe voće za preljev

UPUTE:
a) Zagrijte pećnicu na 375 °F/190 Namastite i obložite jedan lim za kekse.
b) U loncu pomiješajte vodu, maslac i sol. Zagrijte dok se maslac ne rastopi i voda ne zavrije. Smanjite toplinu. Dodajte brašno i snažno miješajte dok smjesa ne napusti stijenke posude. Skinuti s vatre i malo ohladiti. Drvenom žlicom; tucite jedno po jedno jaje dok ne postane glatko.
c) Nastavite tući dok smjesa ne postane vrlo glatka i sjajna. Prebacite smjesu u slastičarsku vrećicu. Izvucite trake duge oko 3 inča i razmaknute 2 inča. Pecite na 375F 30-45 minuta; nastavite peći dok éclairs ne porumene i potpuno se osuše. Ohladite na rešetkama.

PRIPREMITE KREMNI NADJEV:
d) U loncu pomiješajte šećer, kukuruzni škrob, sol, mlijeko i žumanjke. Kuhajte na srednje laganoj vatri neprestano miješajući dok se smjesa ne zgusne. Maknite s vatre. Umiješajte vaniliju. Stavite u hladnjak da se ohladi.
e) Kad se krema ohladi, pažljivo umiješajte tučeno slatko vrhnje. Stavite na vrećicu za cijevi.

ZA SASTAVLJANJE:
f) Peciva punite nadjevom od kreme i ukrasite svježim voćem.
g) Poslužiti.

33. Ekleri od marakuje i malina

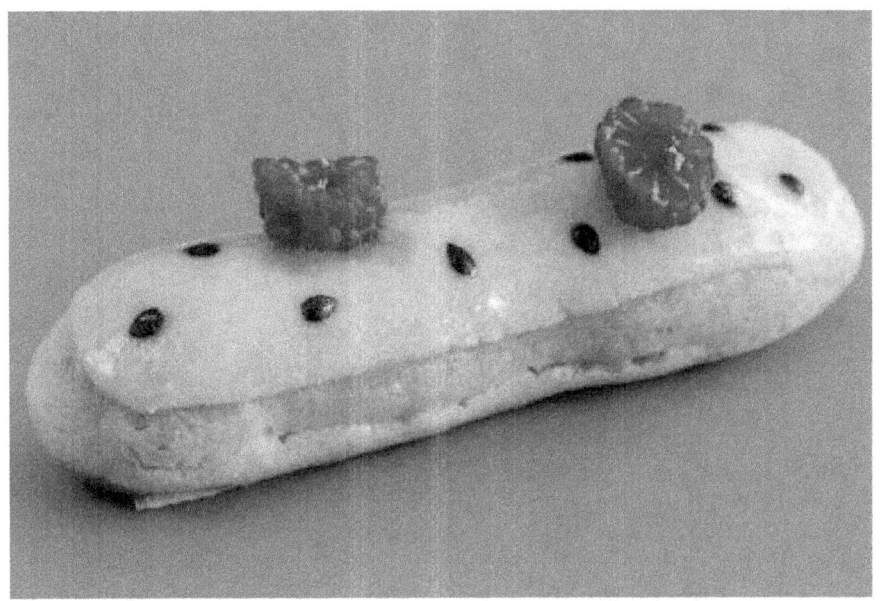

SASTOJCI:
ZA NEUTRALNU GLAZURU:
- 125 g vode
- 5 g NH pektina (1 žličica)
- 30 g granuliranog šećera
- 100 g granuliranog šećera
- 8 g glukoznog sirupa

ZA KREMU OD MARAKUJE:
- 75 g soka od marakuje (oko 7 plodova)
- 10 g soka od limuna
- 1 g želatine
- 105 g jaja (~2)
- 85 g granuliranog šećera
- 155 g maslaca (sobne temperature)

ZA CONFIT OD MALINA:
- 60 g granuliranog šećera
- 4g pektina (skoro žličica)
- 90 g soka od malina
- 30 g glukoznog sirupa
- 20 g soka od limuna

ZA CHOUX PECIVO:
- 85 g mlijeka
- 85 g vode
- 1 prstohvat soli
- 85 g neslanog maslaca
- 85 g brašna za kruh
- 148 g jaja
- 3 g šećera
- 1 ekstrakt vanilije

UKRAS:
- 100g paste od badema (sa 50% badema)
- Žuta boja (po potrebi)
- Narančasta boja (po potrebi)
- Zlatni sjaj za hranu (po izboru)
- 20 svježih malina

UPUTE:
ZA NEUTRALNU GLAZURU:
a) Pomiješajte 30 g šećera s pektinom.
b) U loncu zagrijte vodu, dodajte šećer i pektin uz stalno miješanje.
c) Dodajte preostali šećer i glukozu uz stalno miješanje i pustite da zavrije.
d) Procijedite smjesu i ostavite u hladnjaku najmanje 24 sata prije upotrebe.

ZA KREMU OD MARAKUJE:
e) Voće marakuje prepolovite, izvadite pulpu, procijedite da dobijete sok.
f) Pustite da želatina nabuja u soku od marakuje 5 minuta.
g) Pomiješajte sok od marakuje, sok od limuna, šećer i jaja u zdjeli iznad kipuće vode, miješajući dok se ne zgusne.
h) Kremu brzo ohladite na 45°C, zatim dodajte maslac narezan na kockice u dva navrata, miješajući uronjenim mikserom. Ohladiti u vrećici za cijeđenje.

ZA CONFIT OD MALINA:
i) Pomiješajte i procijedite svježe maline kako biste uklonili sjemenke (ukupna težina nakon ovog koraka trebala bi biti 90 g).
j) Skuhajte sok od malina, pomiješajte šećer i pektin, dodajte malinama i prokuhajte. Hladiti dok ne zatreba.

ZA CHOUX PECIVO:
k) U loncu zakuhajte mlijeko, vodu, sol i maslac. Pazite da se maslac potpuno otopi.
l) Maknite s vatre, dodajte brašno, promiješajte i ponovno stavite tavu na vatru, tukući dok se tijesto ne odvoji od stijenki i ostavi tanki sloj na dnu.
m) Prebacite tijesto u zdjelu, ostavite da se ohladi i dodajte jedno po jedno jaje dok ne postane sjajno, ali čvrsto. Na podmazan ili papirom za pečenje obložen pleh izrežite trake od 11 cm.
n) Zagrijte pećnicu na 250°C, ugasite je, ostavite pleh unutra 12-16 minuta. Uključite pećnicu na 160°C, pecite još 25-30 minuta.

SASTAVLJANJE EKLERA:
o) Na dnu pečenih éclair-a vrhom noža napravite tri rupe.

p) Eklere napunite malom količinom confita od malina, a zatim ih do kraja napunite kremom od marakuje.
q) Pastu od badema obradite bojom da dobijete toplu žutu boju, izrežite je u obliku éclaira.
r) Zagrijte 120g neutralne glazure dok ne postane tekuća (ne više od 40°C).
s) Premažite vrh éclairs neutralnom glazurom, zalijepite poklopac paste od badema na vrh.
t) Preostaloj glazuri dodajte zlatne svjetlucave boje, na vrh glazurirajte pastu od badema, zatim dodajte narezane maline i malo preostalog confita od malina.

34. Ekleri s jagodama i vrhnjem

SASTOJCI:
ZA EKLERE:
- 80 grama (1/3 šalice) vode
- 80 grama (1/3 šalice) punomasnog mlijeka
- 72 grama (5 žlica) neslanog maslaca
- 3 grama (3/4 žličice) super finog šećera
- 2,5 grama (1/2 žličice) soli
- 90 grama (3/4 šalice) bijelog brašna za kruh
- 155 grama (5 1/2 unci) tučenih jaja (3 srednja jaja)

ZA PUNJENJE:
- 300 mililitara (1 1/4 šalice) gustog vrhnja
- 1 žlica super finog šećera
- 1 žličica vanilije
- Šećer u prahu, posuti
- 8 do 10 jagoda, narezanih na ploške

UPUTE:
ZA ECLAIRE:
a) U loncu na srednje jakoj vatri pomiješajte vodu, mlijeko, maslac, najfiniji šećer i sol. Pustite smjesu da lagano prokuha (oko 1 minute).
b) Kad prokuha dodajte brašno i neprestano miješajte dok ne dobijete sjajnu kuglu tijesta (oko 2 minute).
c) Prebacite tijesto u veliku zdjelu i ostavite da se ohladi 2 minute.
d) Polako dodajte jednu četvrtinu smjese umućenih jaja, miješajući drvenom kuhačom dok ne postane homogena.
e) Nastavite polako dodavati jaje dok tijesto ne počne padati (pada sa žlice za 3 sekunde). Pazite da smjesa ne bude previše tekuća.
f) Premjestite tijesto u vrećicu za tijesto opremljenu francuskom zvjezdastom mlaznicom. Izvucite deset linija tijesta od 5 inča na lim za pečenje obložen silikonskom podlogom ili papirom za pečenje. Zamrznite 20 minuta.
g) Zagrijte pećnicu na 205 stupnjeva C/400 stupnjeva F.
h) Neposredno prije dodavanja eklera dodajte 2 žlice vode na dno pećnice da se stvori para. Odmah stavite eklere u pećnicu, smanjite temperaturu na 160 stupnjeva C/320 stupnjeva F i

pecite dok ne porumene (30 do 35 minuta). Ostaviti da se ohladi.

ZA NADJEV:
i) Miješajte vrhnje, superfini šećer i vaniliju dok se ne formiraju vrlo mekani vrhovi.
j) Premjestite smjesu u vrećicu za cijevi opremljenu mlaznicom s francuskim zvjezdastim vrhom ili nekim drugim ukrasnim vrhom.

SKUPŠTINA:
k) Ohlađene eklere prerežite na pola po dužini kako biste dobili gornju i donju ljusku.
l) Gornje ljuske lagano pospite šećerom u prahu.
m) Na donje školjke stavite narezane jagode, a zatim na vrh izvucite šlag vrtećim pokretima.
n) Stavite gornje školjke na kremu, a zatim na vrhove nanesite još tučenog vrhnja u male komadiće i ukrasite svježim jagodama.

35. Ekleri od miješanog bobičastog voća

SASTOJCI:
ZA CHOUX PECIVO:
- 1 šalica vode
- 1/2 šalice neslanog maslaca
- 1 šalica višenamjenskog brašna
- 1/2 žličice soli
- 1 žlica šećera
- 4 velika jaja

ZA NADJEV OD MJEŠANOG BOBIĆA:
- 1 šalica jagoda, narezanih na kockice
- 1/2 šalice borovnica
- 1/2 šalice malina
- 1/4 šalice kupina
- 1/4 šalice granuliranog šećera
- 1 žlica soka od limuna
- 1 žlica kukuruznog škroba pomiješana s 2 žlice vode (za zgušnjavanje)

ZA KREMU OD VANILIJE:
- 2 šalice punomasnog mlijeka
- 1/2 šalice granuliranog šećera
- 1/4 šalice kukuruznog škroba
- 4 velika žumanjka
- 2 žličice ekstrakta vanilije

ZA GLAZURU OD BOBICA :
- 1/2 šalice džema od miješanog bobičastog voća (procijeđenog da se uklone sjemenke)
- 2 žlice vode

UPUTE:
CHOUX PECIVO:
a) Zagrijte pećnicu na 425°F (220°C). Lim za pečenje obložite papirom za pečenje.
b) U loncu na srednjoj vatri pomiješajte vodu, maslac, sol i šećer. Pustite da prokuha.
c) Maknite s vatre i brzo umiješajte brašno dok ne dobijete tijesto.
d) Vratite posudu na laganu vatru i kuhajte tijesto uz stalno miješanje 1-2 minute da se osuši.
e) Prebacite tijesto u veliku zdjelu za miješanje. Pustite da se ohladi par minuta.
f) Dodajte jaja jedno po jedno, dobro tučeći nakon svakog dodavanja dok tijesto ne postane glatko i sjajno.
g) Premjestite tijesto u vrećicu s velikim okruglim vrhom. Zalijepite trake duge 4 inča na pripremljeni lim za pečenje.
h) Pecite 15 minuta na 425°F, zatim smanjite temperaturu na 375°F (190°C) i pecite dodatnih 20 minuta ili dok ne porumene. Pustiti da se potpuno ohladi.

NADJEV OD MIJEŠANOG BOBIĆA:
i) U loncu pomiješajte jagode, borovnice, maline, kupine, šećer i limunov sok.
j) Kuhajte na srednjoj vatri dok bobičasto voće ne pusti sok i ne omekša.
k) Umiješajte smjesu kukuruznog škroba i vode i kuhajte dok se smjesa ne zgusne.
l) Maknite s vatre i ostavite da se ohladi.

SLASTIČARSKA KREMA OD VANILIJE:
m) U loncu zagrijte mlijeko dok ne zakuha, ali ne proključa.
n) U posebnoj zdjeli pjenasto izmiješajte šećer, kukuruzni škrob i žumanjke dok se dobro ne sjedine.
o) Postupno ulijevajte vruće mlijeko u smjesu od jaja, neprestano miješajući.
p) Smjesu vratite u lonac i kuhajte na srednjoj vatri uz stalno miješanje dok se ne zgusne.
q) Maknite s vatre, umiješajte ekstrakt vanilije i ostavite da se ohladi.

OD BOBICA :
r) U malom loncu zagrijte izmiješani džem od bobičastog voća i vodu dok ne dobijete glatku glazuru.
s) Procijedite kako biste uklonili sve sjemenke.

SKUPŠTINA:
t) Svaki ohlađeni eclair vodoravno prerežite na pola.
u) Na donju polovicu svakog eklera žlicom ili lulom nanesite kremu od vanilije.
v) Žlicom nanesite nadjev od miješanog bobičastog voća na slastičarsku kremu.
w) Gornju polovicu eklera stavite na nadjev.
x) Pokapajte ili premažite glazurom od bobičastog voća po vrhu svakog eklera.
y) Poslužite ohlađeno i uživajte u svojim divnim eklerima od miješanog bobičastog voća!

36. Ekleri beze od malina i limuna

SASTOJCI:
ZA CHOUX PECIVO:
- 1 šalica vode
- 1/2 šalice neslanog maslaca
- 1 šalica višenamjenskog brašna
- 1/2 žličice soli
- 1 žlica šećera
- 4 velika jaja

ZA NADJEV OD MALINA:
- 1 šalica svježih malina
- 1/4 šalice granuliranog šećera
- 1 žlica soka od limuna

ZA LIMUN CURD:
- 3 velika limuna, korica i sok
- 1 šalica granuliranog šećera
- 4 velika jaja
- 1/2 šalice neslanog maslaca, narezanog na kockice

ZA MERINGUE PRELJEV:
- 4 bjelanjka
- 1 šalica granuliranog šećera
- 1 žličica ekstrakta vanilije

UPUTE:
CHOUX PECIVO:
a) Zagrijte pećnicu na 425°F (220°C). Lim za pečenje obložite papirom za pečenje.
b) U loncu na srednjoj vatri pomiješajte vodu, maslac, sol i šećer. Pustite da prokuha.
c) Maknite s vatre i brzo umiješajte brašno dok ne dobijete tijesto.
d) Vratite posudu na laganu vatru i kuhajte tijesto uz stalno miješanje 1-2 minute da se osuši.
e) Prebacite tijesto u veliku zdjelu za miješanje. Pustite da se ohladi par minuta.
f) Dodajte jaja jedno po jedno, dobro tučeći nakon svakog dodavanja dok tijesto ne postane glatko i sjajno.
g) Premjestite tijesto u vrećicu s velikim okruglim vrhom. Zalijepite trake duge 4 inča na pripremljeni lim za pečenje.

h) Pecite 15 minuta na 425°F, zatim smanjite temperaturu na 375°F (190°C) i pecite dodatnih 20 minuta ili dok ne porumene. Pustiti da se potpuno ohladi.

NADJEV OD MALINA:

i) U loncu pomiješajte maline, šećer i limunov sok.
j) Kuhajte na srednjoj vatri dok se maline ne raspadnu i smjesa ne zgusne.
k) Maknite s vatre i ostavite da se ohladi.

LIMUN CURD:

l) U zdjeli otpornoj na toplinu pomiješajte koricu limuna, limunov sok, šećer i jaja.
m) Stavite zdjelu iznad lonca s kipućom vodom, pazeći da dno zdjele ne dodiruje vodu.
n) Miješajte neprestano dok se smjesa ne zgusne.
o) Maknite s vatre i umiješajte u kockice maslaca dok ne postane glatko.
p) Procijedite skutu kako biste uklonili sve krutine. Neka se ohladi.

MERINGUE PRELJEV:

q) U čistoj, suhoj zdjeli umutite bjelanjke dok ne postanu mekani snijeg.
r) Postupno dodajte šećer nastavljajući mutiti dok se ne formiraju čvrsti vrhovi.
s) Nježno umiješajte ekstrakt vanilije.

SKUPŠTINA:

t) Svaki ohlađeni eclair vodoravno prerežite na pola.
u) Žlicom ili lulom nanesite lemon curd na donju polovicu svakog eklera.
v) Nadjev od malina žlicom stavljajte preko lemon curda.
w) Gornju polovicu eklera stavite na nadjev.
x) Lulom ili žlicom beze na vrhu svakog eklera.
y) Kuhinjskim plamenikom lagano zapecite meringu ili stavite eklere ispod brojlera na nekoliko sekundi.
z) Poslužite ohlađeno i uživajte u prekrasnoj kombinaciji malina, limuna i meringe u svakom zalogaju!

37. Ekleri od maline i mliječne čokolade

SASTOJCI:
ZA CHOUX PECIVO:
- 1 šalica vode
- 1/2 šalice neslanog maslaca
- 1 šalica višenamjenskog brašna
- 1/2 žličice soli
- 1 žlica šećera
- 4 velika jaja

ZA NADJEV OD MALINA:
- 1 šalica svježih malina
- 1/4 šalice granuliranog šećera
- 1 žlica soka od limuna

ZA GANACHE OD MLIJEČNE ČOKOLADE:
- 200 g mliječne čokolade, sitno nasjeckane
- 1 šalica gustog vrhnja

UPUTE:
CHOUX PECIVO:
a) Zagrijte pećnicu na 425°F (220°C). Lim za pečenje obložite papirom za pečenje.
b) U loncu na srednjoj vatri pomiješajte vodu, maslac, sol i šećer. Pustite da prokuha.
c) Maknite s vatre i brzo umiješajte brašno dok ne dobijete tijesto.
d) Vratite posudu na laganu vatru i kuhajte tijesto uz stalno miješanje 1-2 minute da se osuši.
e) Prebacite tijesto u veliku zdjelu za miješanje. Pustite da se ohladi par minuta.
f) Dodajte jaja jedno po jedno, dobro tučeći nakon svakog dodavanja dok tijesto ne postane glatko i sjajno.
g) Premjestite tijesto u vrećicu s velikim okruglim vrhom. Zalijepite trake duge 4 inča na pripremljeni lim za pečenje.
h) Pecite 15 minuta na 425°F, zatim smanjite temperaturu na 375°F (190°C) i pecite dodatnih 20 minuta ili dok ne porumene. Pustiti da se potpuno ohladi.

NADJEV OD MALINA:
i) U loncu pomiješajte maline, šećer i limunov sok.

j) Kuhajte na srednjoj vatri dok se maline ne raspadnu i smjesa ne zgusne.
k) Maknite s vatre i ostavite da se ohladi.

GANACHE OD MLIJEČNE ČOKOLADE:
l) U posudu otpornu na toplinu stavite sitno nasjeckanu mliječnu čokoladu.
m) U loncu zagrijte vrhnje dok samo ne počne kuhati.
n) Vruće vrhnje prelijte preko čokolade i ostavite da odstoji minutu.
o) Miješajte dok ne postane glatko i sjajno. Neka se malo ohladi.

SKUPŠTINA:
p) Svaki ohlađeni eclair vodoravno prerežite na pola.
q) Na donju polovicu svakog eklera stavljajte žlicom ili lulom nadjev od malina.
r) Gornju polovicu eklera stavite na nadjev.
s) Umočite vrh svakog eklera u ganache od mliječne čokolade ili žlicom prelijte ganache po vrhu.
t) Ostavite ganache nekoliko minuta da se stegne.
u) Dodatno: prelijte dodatnim ganacheom po vrhu za ukrasni dodir.
v) Poslužite i uživajte u izvrsnoj kombinaciji slatke mliječne čokolade i slatkih malina u ovim divnim eklerima!

38. Ekleri od crvene baršunaste čokolade i maline

SASTOJCI:
CHOUX PECIVO:
- 1 šalica vode
- 1/2 šalice neslanog maslaca
- 1 šalica višenamjenskog brašna
- 1 žlica kakaa u prahu
- 1/4 žličice soli
- 4 velika jaja

RED VELVET ČOKOLADNA KREMA:
- 500 ml mlijeka
- 120 g šećera
- 50 g glatkog brašna
- 60 g kakaa u prahu
- 120 g žumanjaka (cca 6 jaja)
- Crvena prehrambena boja

GANACHE OD ČOKOLADNE MALINE:
- 200 ml gustog vrhnja
- 200 g crne čokolade
- Ekstrakt ili pire od maline

UPUTE:
CHOUX PECIVO:
a) Zagrijte pećnicu na 200°C (ventilatorska 180°C), a pleh obložite papirom za pečenje.
b) U loncu pomiješajte vodu, maslac, kakao prah i sol. Zakuhajte na srednjoj vatri.
c) Dodajte sve brašno odjednom, snažno miješajući dok se ne dobije glatko tijesto. Nastavite kuhati uz miješanje još 1-2 minute.
d) Prebacite tijesto u zdjelu za miješanje i ostavite da se malo ohladi.
e) Dodajte jaja jedno po jedno, dobro tučeći nakon svakog dodavanja, dok tijesto ne postane glatko i sjajno.
f) Prebacite choux tijesto u vrećicu za maramice i izlijte u oblike éclair na pripremljeni pladanj.
g) Pecite dok ne porumene i ne napuhnu. Ostaviti da se ohladi.

RED VELVET ČOKOLADNA KREMA:
h) Zagrijte mlijeko u loncu dok se ne zagrije, ali ne proključa.
i) U zdjeli pomiješajte šećer, brašno i kakao prah.
j) U toplo mlijeko postupno dodavati suhe sastojke uz neprestano miješanje da ne budu grudice.
k) U posebnoj posudi istucite žumanjke. U žumanjke postupno dodavajte žlicu vrućeg mlijeka uz neprestano miješanje.
l) Smjesu žumanjaka ulijte natrag u lonac i nastavite kuhati dok se krema ne zgusne.
m) Maknite s vatre, dodajte crvenu prehrambenu boju dok ne dobijete željenu boju i ostavite da se ohladi.

GANACHE OD ČOKOLADNE MALINE:
n) Zagrijte vrhnje u loncu dok ne počne kuhati.
o) Vruće vrhnje prelijti preko tamne čokolade. Pustite da odstoji minutu, a zatim miješajte dok ne postane glatko.
p) U čokoladni ganache dodajte ekstrakt maline ili pire kako biste udahnuli okus maline.

SKUPŠTINA:
q) Ohlađene eklere vodoravno prerežite na pola.
r) Napunite vrećicu za tijesto crvenom baršunastom čokoladnom kremom i nanesite je na donju polovicu svakog éclaira.
s) Umočite vrh svakog éclaira u ganache od čokolade i maline, dopustite da višak iscuri.
t) Stavite éclairs umočene u čokoladu na rešetku da se ganache stegne.
u) Po želji, pospite dodatnim ganacheom po vrhu za dodatnu dekadenciju.

39.Ekleri za krem pitu od banane

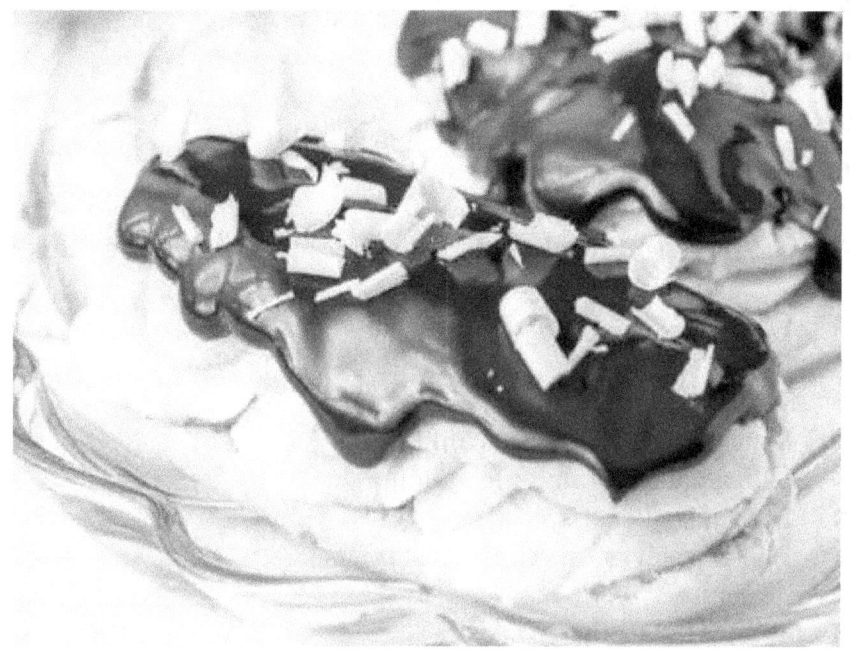

SASTOJCI:
ZA ŠKOLJKE:
- 1/2 šalice (115 g) neslanog maslaca
- 1 žlica šećera
- 1/4 žličice soli
- 1 šalica (125 g) višenamjenskog brašna
- 4 velika jaja na sobnoj temperaturi

ZA PUNJENJE:
- 2 šalice (480 ml) punomasnog mlijeka (2% će također poslužiti)
- 1/3 šalice (65 g) šećera
- 3 žumanjka
- 3 ½ žlice kukuruznog škroba
- 1 žlica čistog ekstrakta vanilije
- 1 žlica paste od mahune vanilije
- 1/4 žličice košer soli
- 1/2 šalice čvrstog vrhnja za šlag
- 2 banane

ZA GANACHE OD ČOKOLADE:
- 1/2 šalice (120 ml) jakog vrhnja za šlag
- 1 šalica (175 g) poluslatkih komadića čokolade
- 1 žlica neslanog maslaca, omekšalog (po želji)

UPUTE:
a) Zagrijte pećnicu na 375°F (190°C).

NAPRAVITE KOLICE ZA TIJESTO:
b) U loncu zakuhajte vodu, maslac, šećer i sol. Dodajte brašno, miješajte dok se ne formira kugla tijesta. Miksajte 3-4 minute dok se ne stvori lagana korica.

c) Prebacite tijesto u zdjelu za miješanje, ohladite na sobnoj temperaturi. Dodajte jedno po jedno jaje, dobro umutite nakon svakog dodavanja. Tijesto treba biti glatko i poput vrpce.

d) Izvucite tijesto u trake od 4 inča i pecite 30-35 minuta dok ne napuhne i ne porumeni. Ohlađene eklere prerežite vodoravno na pola.

NAPRAVITE PUDING:
e) U loncu prokuhajte mlijeko. U zdjeli pjenasto izmiješajte žumanjke, šećer, kukuruzni škrob, ekstrakt vanilije, pastu od mahune vanilije i sol. Polako dodavajte prokuhano mlijeko da umirite smjesu od jaja.
f) Kuhajte na srednjoj vatri uz stalno miješanje dok ne postane gusto. Procijedite kroz sito i ohladite.
g) Tucite čvrsto vrhnje dok se ne formiraju čvrsti vrhovi. Ulijte u ohlađeni puding.

SASTAVITE EKLERE:
h) Položite kriške banane na donju polovicu eklera.
i) Izvucite nadjev i vratite vrh školjki.
j) Pustite da zakuha gusto vrhnje. Prelijte preko komadića čokolade, ostavite 2 minute, zatim miješajte dok ne postane glatko. Umiješajte maslac za sjaj.
k) Eklere prelijte čokoladnim ganacheom i poslužite.
l) Sastavljeni ekleri mogu se čuvati u hladnjaku do 2 dana.
m) Prepustite se dekadenciji ovih eklera za pite s kremom od banane za divnu poslasticu!

40. Eclairs s kremom od jagoda

SASTOJCI:
ZA CHOUX PECIVO:
- 1 šalica vode
- 1/2 šalice neslanog maslaca
- 1 šalica višenamjenskog brašna
- 4 velika jaja

ZA NADJEV:
- 2 šalice šlaga
- 1 šalica svježih jagoda, narezanih na kockice

ZA GLAZURU:
- 1/2 šalice bijele čokolade, nasjeckane
- 1/4 šalice neslanog maslaca
- 1 šalica šećera u prahu
- 1/4 šalice vruće vode

UPUTE:
CHOUX PECIVO:
a) Zagrijte pećnicu na 375°F (190°C) i obložite lim za pečenje papirom za pečenje.
b) U loncu pomiješajte vodu i maslac. Zagrijte na srednjoj vatri dok se maslac ne rastopi i smjesa ne zavrije.
c) Maknite s vatre, dodajte brašno i snažno miješajte dok smjesa ne postane kugla.
d) Pustite da se tijesto ohladi nekoliko minuta, a zatim dodajte jedno po jedno jaje, dobro umutite nakon svakog dodavanja.
e) Premjestite tijesto u vrećicu za pečenje i izlijte éclairs na pripremljeni lim za pečenje.
f) Pecite oko 30 minuta ili dok ne porumene. Ostaviti da se ohladi.

PUNJENJE:
g) Tucite vrhnje dok se ne stvore čvrsti vrhovi.
h) Lagano ubacite jagode narezane na kockice.
i) Nakon što se ekleri ohlade, punite ih smjesom za kremu od jagoda.

GLAZURA:
j) U zdjeli otpornoj na toplinu otopite bijelu čokoladu i maslac na pari.

k) Maknite s vatre, dodajte šećer u prahu i postupno umiješajte vruću vodu dok smjesa ne postane glatka.
l) Umočite gornji dio svakog éclaira u glazuru od bijele čokolade, pustite da višak iscuri.
m) Poslužite ohlađeno i uživajte u osvježavajućim éclairima s kremom od jagoda!

41. Mango Passionfruit Eclairs

SASTOJCI:
ZA CHOUX PECIVO:
- 1 šalica vode
- 1/2 šalice neslanog maslaca
- 1 šalica višenamjenskog brašna
- 4 velika jaja

ZA NADJEV:
- 2 šalice pjene od marakuje

ZA GLAZURU:
- 1/2 šalice bijele čokolade, nasjeckane
- 1/4 šalice neslanog maslaca
- 1 šalica šećera u prahu
- 1/4 šalice vruće vode

UPUTE:
CHOUX PECIVO:
a) Zagrijte pećnicu na 375°F (190°C) i obložite lim za pečenje papirom za pečenje.
b) U loncu pomiješajte vodu i maslac. Zagrijte na srednjoj vatri dok se maslac ne rastopi i smjesa ne zavrije.
c) Maknite s vatre, dodajte brašno i snažno miješajte dok smjesa ne postane kugla.
d) Pustite da se tijesto ohladi nekoliko minuta, a zatim dodajte jedno po jedno jaje, dobro umutite nakon svakog dodavanja.
e) Premjestite tijesto u vrećicu za pečenje i izlijte éclairs na pripremljeni lim za pečenje.
f) Pecite oko 30 minuta ili dok ne porumene. Ostaviti da se ohladi.

PUNJENJE:
g) Pripremite pjenu od marakuje blendajući zreli mango, pulpu marakuje i šlag dok ne postane glatko.
h) Nakon što se choux tijesto ohladi, napunite éclairs ubrizgavanjem ili širenjem pjene od marakuje u sredinu.

GLAZURA:
i) U zdjeli otpornoj na toplinu otopite bijelu čokoladu i maslac na pari.
j) Maknite s vatre, dodajte šećer u prahu i postupno umiješajte vruću vodu dok smjesa ne postane glatka.
k) Umočite gornji dio svakog éclaira u glazuru od bijele čokolade, pustite da višak iscuri.
l) Poslužite ohlađeno i uživajte u tropskim okusima Mango Passionfruit Éclairs!

42. Eclairs od limuna i borovnice

SASTOJCI:
ZA CHOUX PECIVO:
- 1 šalica vode
- 1/2 šalice neslanog maslaca
- 1 šalica višenamjenskog brašna
- 4 velika jaja

ZA NADJEV:
- 2 šalice slastičarske kreme s okusom limuna
- 1 šalica svježih borovnica

ZA GLAZURU:
- 1/2 šalice bijele čokolade, nasjeckane
- 1/4 šalice neslanog maslaca
- 1 šalica šećera u prahu
- 1/4 šalice vruće vode

UPUTE:
CHOUX PECIVO:
a) Zagrijte pećnicu na 375°F (190°C) i obložite lim za pečenje papirom za pečenje.
b) U loncu pomiješajte vodu i maslac. Zagrijte na srednjoj vatri dok se maslac ne rastopi i smjesa ne zavrije.
c) Maknite s vatre, dodajte brašno i snažno miješajte dok smjesa ne postane kugla.
d) Pustite da se tijesto ohladi nekoliko minuta, a zatim dodajte jedno po jedno jaje, dobro umutite nakon svakog dodavanja.
e) Premjestite tijesto u vrećicu za pečenje i izlijte éclairs na pripremljeni lim za pečenje.
f) Pecite oko 30 minuta ili dok ne porumene. Ostaviti da se ohladi.

PUNJENJE:
g) Eklere napunite slastičarskom kremom s okusom limuna.
h) Po kremi rasporedite svježe borovnice.

GLAZURA:
i) U zdjeli otpornoj na toplinu otopite bijelu čokoladu i maslac na pari.
j) Maknite s vatre, dodajte šećer u prahu i postupno umiješajte vruću vodu dok smjesa ne postane glatka.
k) Umočite gornji dio svakog éclaira u glazuru od bijele čokolade, pustite da višak iscuri.
l) Poslužite ohlađeno i uživajte u sočnoj i voćnoj dobroti Lemon Blueberry Éclairs!

43. Malina i bademi Eclairs

SASTOJCI:
ZA CHOUX PECIVO:
- 1 šalica vode
- 1/2 šalice neslanog maslaca
- 1 šalica višenamjenskog brašna
- 4 velika jaja

ZA NADJEV:
- 2 šalice slastičarske kreme s okusom badema
- 1 šalica svježih malina

ZA GLAZURU:
- 1/2 šalice bijele čokolade, nasjeckane
- 1/4 šalice neslanog maslaca
- 1 šalica šećera u prahu
- 1/4 šalice vruće vode

UPUTE:
CHOUX PECIVO:
a) Zagrijte pećnicu na 375°F (190°C) i obložite lim za pečenje papirom za pečenje.
b) U loncu pomiješajte vodu i maslac. Zagrijte na srednjoj vatri dok se maslac ne rastopi i smjesa ne zavrije.
c) Maknite s vatre, dodajte brašno i snažno miješajte dok smjesa ne postane kugla.
d) Pustite da se tijesto ohladi nekoliko minuta, a zatim dodajte jedno po jedno jaje, dobro umutite nakon svakog dodavanja.
e) Premjestite tijesto u vrećicu za pečenje i izlijte éclairs na pripremljeni lim za pečenje.
f) Pecite oko 30 minuta ili dok ne porumene. Ostaviti da se ohladi.

PUNJENJE:
g) Eklere napunite slastičarskom kremom s okusom badema.
h) Na kremu stavite svježe maline.

GLAZURA:
i) U zdjeli otpornoj na toplinu otopite bijelu čokoladu i maslac na pari.
j) Maknite s vatre, dodajte šećer u prahu i postupno umiješajte vruću vodu dok smjesa ne postane glatka.
k) Umočite gornji dio svakog éclaira u glazuru od bijele čokolade, pustite da višak iscuri.
l) Poslužite ohlađeno i uživajte u prekrasnoj kombinaciji badema i malina u ovim Eclair-ima!

44.Ekleri od ananasa i kokosa

SASTOJCI:
ZA CHOUX PECIVO:
- 1 šalica vode
- 1/2 šalice neslanog maslaca
- 1 šalica višenamjenskog brašna
- 4 velika jaja

ZA NADJEV:
- 2 šalice kokosovog vrhnja
- 1 šalica svježeg ananasa, narezanog na kockice

ZA GLAZURU:
- 1/2 šalice bijele čokolade, nasjeckane
- 1/4 šalice neslanog maslaca
- 1 šalica šećera u prahu
- 1/4 šalice vruće vode

UPUTE:
CHOUX PECIVO:
a) Zagrijte pećnicu na 375°F (190°C) i obložite lim za pečenje papirom za pečenje.
b) U loncu pomiješajte vodu i maslac. Zagrijte na srednjoj vatri dok se maslac ne rastopi i smjesa ne zavrije.
c) Maknite s vatre, dodajte brašno i snažno miješajte dok smjesa ne postane kugla.
d) Pustite da se tijesto ohladi nekoliko minuta, a zatim dodajte jedno po jedno jaje, dobro umutite nakon svakog dodavanja.
e) Premjestite tijesto u vrećicu za pečenje i izlijte éclairs na pripremljeni lim za pečenje.
f) Pecite oko 30 minuta ili dok ne porumene. Ostaviti da se ohladi.

PUNJENJE:
g) Eklere punite kremom od kokosa.
h) Vrh kreme stavite kockice svježeg ananasa.

GLAZURA:
i) U zdjeli otpornoj na toplinu otopite bijelu čokoladu i maslac na pari.
j) Maknite s vatre, dodajte šećer u prahu i postupno umiješajte vruću vodu dok smjesa ne postane glatka.
k) Umočite gornji dio svakog éclaira u glazuru od bijele čokolade, pustite da višak iscuri.
l) Poslužite ohlađeno i uživajte u tropskim okusima ananasa i kokosa!

45. Eclairs s miješanim bobicama i limunovom koricom

SASTOJCI:
ZA CHOUX PECIVO:
- 1 šalica vode
- 1/2 šalice neslanog maslaca
- 1 šalica višenamjenskog brašna
- 4 velika jaja

ZA NADJEV:
- 2 šalice kompota od miješanog bobičastog voća (jagode, borovnice, maline)
- Limunova korica za ukras

ZA GLAZURU:
- 1/2 šalice bijele čokolade, nasjeckane
- 1/4 šalice neslanog maslaca
- 1 šalica šećera u prahu
- 1/4 šalice vruće vode

UPUTE:
CHOUX PECIVO:
a) Zagrijte pećnicu na 375°F (190°C) i obložite lim za pečenje papirom za pečenje.
b) U loncu pomiješajte vodu i maslac. Zagrijte na srednjoj vatri dok se maslac ne rastopi i smjesa ne zavrije.
c) Maknite s vatre, dodajte brašno i snažno miješajte dok smjesa ne postane kugla.
d) Pustite da se tijesto ohladi nekoliko minuta, a zatim dodajte jedno po jedno jaje, dobro umutite nakon svakog dodavanja.
e) Premjestite tijesto u vrećicu za pečenje i izlijte éclairs na pripremljeni lim za pečenje.
f) Pecite oko 30 minuta ili dok ne porumene. Ostaviti da se ohladi.

PUNJENJE:
g) Napunite éclairs kompotom od miješanog bobičastog voća, kombinirajući jagode, borovnice i maline.
h) Ukrasite koricom limuna za pikantan zaokret.

GLAZURA:
i) U zdjeli otpornoj na toplinu otopite bijelu čokoladu i maslac na pari.
j) Maknite s vatre, dodajte šećer u prahu i postupno umiješajte vruću vodu dok smjesa ne postane glatka.
k) Umočite gornji dio svakog éclaira u glazuru od bijele čokolade, pustite da višak iscuri.
l) Poslužite ohlađeno i uživajte u naletu okusa bobičastog voća u ovim éclairsima od miješanog bobičastog voća i korice limuna!

46. Peach Ginger Éclairs

SASTOJCI:
ZA CHOUX PECIVO:
- 1 šalica vode
- 1/2 šalice neslanog maslaca
- 1 šalica višenamjenskog brašna
- 4 velika jaja

ZA NADJEV:
- 2 šalice slastičarske kreme s okusom breskve
- 1 šalica svježih breskvi, narezanih na kockice
- 1 žličica svježeg đumbira, naribanog

ZA GLAZURU:
- 1/2 šalice bijele čokolade, nasjeckane
- 1/4 šalice neslanog maslaca
- 1 šalica šećera u prahu
- 1/4 šalice vruće vode

UPUTE:
CHOUX PECIVO:
a) Zagrijte pećnicu na 375°F (190°C) i obložite lim za pečenje papirom za pečenje.
b) U loncu pomiješajte vodu i maslac. Zagrijte na srednjoj vatri dok se maslac ne rastopi i smjesa ne zavrije.
c) Maknite s vatre, dodajte brašno i snažno miješajte dok smjesa ne postane kugla.
d) Pustite da se tijesto ohladi nekoliko minuta, a zatim dodajte jedno po jedno jaje, dobro umutite nakon svakog dodavanja.
e) Premjestite tijesto u vrećicu za pečenje i izlijte éclairs na pripremljeni lim za pečenje.
f) Pecite oko 30 minuta ili dok ne porumene. Ostaviti da se ohladi.

PUNJENJE:
g) Eklere napunite slastičarskom kremom s okusom breskve.
h) Pomiješajte svježe breskve narezane na kockice i naribani đumbir pa ih stavite na kremu.

GLAZURA:
i) U zdjeli otpornoj na toplinu otopite bijelu čokoladu i maslac na pari.

j) Maknite s vatre, dodajte šećer u prahu i postupno umiješajte vruću vodu dok smjesa ne postane glatka.
k) Umočite gornji dio svakog éclaira u glazuru od bijele čokolade, pustite da višak iscuri.
l) Poslužite ohlađeno i uživajte u jedinstvenoj kombinaciji breskve i đumbira u ovim Eclairima!

47. Eclairs od kupine i limuna

SASTOJCI:
ZA CHOUX PECIVO:
- 1 šalica vode
- 1/2 šalice neslanog maslaca
- 1 šalica višenamjenskog brašna
- 4 velika jaja

ZA NADJEV:
- 2 šalice slastičarske kreme s okusom limuna
- 1 šalica svježih kupina

ZA GLAZURU:
- 1/2 šalice bijele čokolade, nasjeckane
- 1/4 šalice neslanog maslaca
- 1 šalica šećera u prahu
- 1/4 šalice vruće vode

UPUTE:
CHOUX PECIVO:
a) Zagrijte pećnicu na 375°F (190°C) i obložite lim za pečenje papirom za pečenje.
b) U loncu pomiješajte vodu i maslac. Zagrijte na srednjoj vatri dok se maslac ne rastopi i smjesa ne zavrije.
c) Maknite s vatre, dodajte brašno i snažno miješajte dok smjesa ne postane kugla.
d) Pustite da se tijesto ohladi nekoliko minuta, a zatim dodajte jedno po jedno jaje, dobro umutite nakon svakog dodavanja.
e) Premjestite tijesto u vrećicu za pečenje i izlijte éclairs na pripremljeni lim za pečenje.
f) Pecite oko 30 minuta ili dok ne porumene. Ostaviti da se ohladi.

PUNJENJE:
g) Eklere napunite slastičarskom kremom s okusom limuna.
h) Kremu nadjenite svježim kupinama.

GLAZURA:
i) U zdjeli otpornoj na toplinu otopite bijelu čokoladu i maslac na pari.
j) Maknite s vatre, dodajte šećer u prahu i postupno umiješajte vruću vodu dok smjesa ne postane glatka.
k) Umočite gornji dio svakog éclaira u glazuru od bijele čokolade, pustite da višak iscuri.
l) Poslužite ohlađeno i uživajte u osvježavajućem okusu Blackberry Lemon Éclairs!

48. Ekleri s kivijem i kokosom

SASTOJCI:
ZA CHOUX PECIVO:
- 1 šalica vode
- 1/2 šalice neslanog maslaca
- 1 šalica višenamjenskog brašna
- 4 velika jaja

ZA NADJEV:
- 2 šalice kokosovog vrhnja
- 1 šalica svježeg kivija, narezanog na kriške

ZA GLAZURU:
- 1/2 šalice bijele čokolade, nasjeckane
- 1/4 šalice neslanog maslaca
- 1 šalica šećera u prahu
- 1/4 šalice vruće vode

UPUTE:
CHOUX PECIVO:
a) Zagrijte pećnicu na 375°F (190°C) i obložite lim za pečenje papirom za pečenje.
b) U loncu pomiješajte vodu i maslac. Zagrijte na srednjoj vatri dok se maslac ne rastopi i smjesa ne zavrije.
c) Maknite s vatre, dodajte brašno i snažno miješajte dok smjesa ne postane kugla.
d) Pustite da se tijesto ohladi nekoliko minuta, a zatim dodajte jedno po jedno jaje, dobro umutite nakon svakog dodavanja.
e) Premjestite tijesto u vrećicu za pečenje i izlijte éclairs na pripremljeni lim za pečenje.
f) Pecite oko 30 minuta ili dok ne porumene. Ostaviti da se ohladi.

PUNJENJE:
g) Eklere punite kremom od kokosa.
h) Po kremi rasporedite ploške svježeg kivija.

GLAZURA:
i) U zdjeli otpornoj na toplinu otopite bijelu čokoladu i maslac na pari.
j) Maknite s vatre, dodajte šećer u prahu i postupno umiješajte vruću vodu dok smjesa ne postane glatka.
k) Umočite gornji dio svakog éclaira u glazuru od bijele čokolade, pustite da višak iscuri.
l) Poslužite ohlađeno i uživajte u tropskim okusima Kiwi Coconut Éclairs!

EKLER OD ORAŠA

49. Ekleri s makaronima od čokolade i badema

SASTOJCI:
TIJESTO ZA EKLER:
- 3 velika jaja, sobne temperature
- 1/2 šalice vode
- 4 1/2 žlice neslanog maslaca, narezanog na kockice od 1/2 inča
- 1 1/2 žlice granuliranog šećera
- 3/4 šalice prosijanog višenamjenskog brašna
- 3 žlice prosijanog nezaslađenog alkaliziranog kakaovog praha

NADJEV OD BADEMA-MAKARUNA:
- 2 šalice kokosa u lističima
- 1/2 šalice zaslađenog kondenziranog mlijeka
- 1/2 šalice prženih nasjeckanih badema

ČOKOLADNA GLAZURA:
- 10 unci poluslatke čokolade, sitno nasjeckane
- 8 unci gustog vrhnja
- 1 žlica svijetlog kukuruznog sirupa

UPUTE:
NAPRAVITE EKLERE:

a) Zagrijte pećnicu na 425 stupnjeva F. Dva lima za pečenje obložite papirom za pečenje.
b) U staklenoj mjernoj posudi miješajte jaja dok se ne sjedine. Ostavite 2 žlice tučenih jaja u malu šalicu.
c) U loncu pomiješajte vodu, maslac i šećer. Zagrijte dok se maslac ne otopi. Zakuhajte, a zatim maknite s vatre.
d) Umiješajte brašno i kakao dok ne postane glatko. Vratite na vatru neprestano miješajući dok se ne formira glatka kugla.
e) Prebacite pastu u zdjelu. Prelijte rezerviranu 1/2 šalice tučenih jaja preko paste i tucite dok ne dobijete glatko, mekano tijesto.
f) Napunite slastičarsku vrećicu s ravnim vrhom od 5/16 inča tijestom za eclair. Nanesite trake na pripremljene limove za pečenje.
g) Premažite vrhove eklera preostalim razmućenim jajetom.
h) Pecite 10 minuta, zatim smanjite temperaturu na 375 stupnjeva F i nastavite peći 20 do 25 minuta, dok ne postane hrskavo i sjajno. Potpuno ohladiti.

NAPRAVITE NADJEV OD BADEMA-MAKARUNA:
i) U zdjeli pomiješajte kokos, zaslađeno kondenzirano mlijeko i bademe.
j) Miješajte dok se dobro ne sjedini.

NAPRAVITE ČOKOLADNU GLAZURU:
k) Stavite čokoladu u srednju posudu.
l) Zagrijte vrhnje i kukuruzni sirup u loncu dok lagano ne zavrije. Prelijte čokoladu i ostavite da odstoji 30 sekundi.
m) Umutite dok ne postane glatko.

SASTAVITE I GLAZIRAJTE EKLERE:
n) Prerežite eklere na pola i uklonite vlažno tijesto.
o) Napunite svaki eclair s oko 3 žlice nadjeva od badema i makarona.
p) Vratite vrh svakog eklera.
q) Tri cijela badema umočite u čokoladnu glazuru i stavite ih na vrh svakog eklera.
r) Pustite da odstoji 2 minute, a zatim nježno prelijte glazuru preko eklera, pokrivajući vrh i strane.
s) Ohladite do posluživanja.
t) Uživajte u ovim divnim eklerima s čokoladom i bademom!

50. Eclairs od pistacija i limuna

SASTOJCI:

ZA KANDIRANI LIMUN (PO OPCIJI):
- 10 sunquata (mini limuna)
- 2 šalice vode
- 2 šalice šećera

ZA PASTE OD PISTACIJA:
- 60 g pistacija bez ljuske (nepečenih)
- 10 g ulja sjemenki grožđa

ZA KREMU OD PISTACIJA-LIMUNA MOUSSELINE:
- 500 g mlijeka
- Korica od 2 limuna
- 120 g žumanjka
- 120 g šećera
- 40 g kukuruznog škroba
- 30 g paste od pistacija (ili 45 g ako je kupovna)
- 120 g omekšalog maslaca (narezanog na kockice)

ZA MARCIPAN OD PISTACIJA:
- 200 g marcipana
- 15 g paste od pistacija
- Zelena prehrambena boja (gel)
- Malo šećera u prahu

ZA CHOUX PECIVO:
- 125 g maslaca
- 125 g mlijeka
- 125 g vode
- 5 g šećera
- 5 g soli
- 140 g brašna
- 220 g jaja

ZA GLAZURU:
- 200 g nappage neutre (neutralna žele glazura)
- 100 g vode
- Zelena prehrambena boja (gel)

ZA DEKORACIJU:
- Mljevene pistacije

UPUTE:

KANDIRANI LIMUN (PO OPCIJI):
a) Pripremite ledenu kupku (lonac s vodom i ledom) i ostavite je sa strane.
b) Oštrim nožem izrežite tanke kriške limuna. Odbacite sjemenke.
c) U drugom loncu zakuhajte vodu. Maknite s vatre i odmah dodajte kriške limuna u vruću vodu. Miksajte dok kriške ne omekšaju (oko minute).
d) Izlijte vruću vodu kroz sito, a zatim stavite kriške limuna u ledenu kupelj na sekundu. Pomoću sita izlijte ledenu vodu.
e) U velikom loncu na jakoj vatri pomiješajte vodu i šećer. Miješajte dok se šećer ne rastopi pa pustite da zavrije.
f) Smanjite vatru na srednju i hvataljkama stavite kriške limuna u vodu tako da plutaju. Kuhajte na laganoj vatri dok kora ne postane prozirna, oko 1½ sat.
g) Izvadite limun pomoću hvataljki i stavite ih na rešetku za hlađenje. Ispod rešetke za hlađenje stavite komad papira za pečenje da skupi sirup koji kaplje s kriški limuna.

PASTA OD PISTACIJA:
h) Zagrijte pećnicu na 160°C (320°F).
i) Pecite pistacije na limu za pečenje oko 7 minuta dok malo ne porumene. Neka se ohlade.
j) Ohlađene pistacije sameljite u sitnu sjeckalicu u prah. Dodajte ulje i ponovno meljite dok ne postane pasta. Čuvati u hladnjaku do upotrebe.
k) Mousseline krema od pistacija i limuna:
l) Zakuhajte mlijeko. Ugasite vatru, dodajte koricu limuna, poklopite i ostavite da odstoji 10 minuta.
m) U zdjeli pomiješajte žumanjke i šećer. Odmah umutiti, zatim dodati kukuruzni škrob i opet umutiti.
n) Dodajte toplo mlijeko uz mućenje. Smjesu izlijte kroz sito u čistu tavu za umake, bacite koricu limuna koja je ostala u situ.
o) Zagrijte na srednjoj vatri i mutite dok se smjesa ne zgusne i postane kremasta. Maknite s vatre.
p) Premjestite kremu u zdjelu u kojoj se nalazi pasta od pistacija. Umutiti dok se ne ujednači. Pokrijte plastičnom folijom da se ne stvori korica i ohladite.

q) Kad se krema zagrije na 40°C (104°F), postupno dodajte omekšali maslac i dobro promiješajte. Pokrijte plastičnom folijom i ohladite.

CHOUX PECIVO:
r) Prosijte brašno i ostavite ga sa strane.
s) U lonac dodajte maslac, mlijeko, vodu, šećer i sol. Zagrijte na srednje jakoj dok se maslac ne rastopi i smjesa ne zavrije.
t) Maknite s vatre, odmah dodajte brašno i sve dobro miješajte dok ne dobijete jednoličnu smjesu nalik na pire krumpir. Ovo je mješavina za panade.
u) Sušite panadu otprilike minutu na laganoj vatri, miješajući lopaticom, sve dok se ne počne povlačiti sa stijenki posude i zgušnjava.
v) Prebacite panadu u zdjelu za miješanje i malo je ohladite. U posebnoj zdjeli umutite jaja i postupno ih dodajte u mikser, čekajući da se svaki dodatak sjedini prije dodavanja još.
w) Miješajte malom do srednjom brzinom dok smjesa ne postane glatka, sjajna i stabilna.
x) Zagrijte pećnicu na 250°C (480°F). Pleh obložite papirom za pečenje ili tankim slojem maslaca.
y) Trake tijesta dužine 12 cm izvaljajte na pleh. Tijekom pečenja ne otvarajte vrata pećnice.
z) Nakon 15 minuta malo otvorite vrata pećnice (oko 1 cm) da izađe para. Zatvorite i postavite temperaturu na 170°C (340°F). Pecite 20-25 minuta dok ekleri ne porumene.
aa) Ponovite s preostalim tijestom.

MARCIPAN OD PISTACIJA:
bb) Marcipan narežite na kockice i miješajte mješalicom dok ne postane mekan i jednoličan. Dodajte pastu od pistacija i zelenu prehrambenu boju (po želji) i miksajte dok se smjesa ne ujednači.
cc) Marcipan razvaljajte na 2 mm debljine i izrežite trake koje će odgovarati eklerima.

SKUPŠTINA:
dd) Izrežite dvije male rupice na dnu svakog éclaira.
ee) Kroz rupe napunite svaki éclair kremom od pistacija i limuna.

ff) Premažite malo glazure na jednu stranu svake trake od marcipana i pričvrstite je na éclairs.
gg) Umočite svaki éclair u glazuru, pustite da višak glazure opadne.
hh) Ukrasite kandiranim kriškama limuna ili nasjeckanim pistaćima.
ii) Stavite u hladnjak do posluživanja.

51. Ekleri s javorovom glazurom preliveni orasima

SASTOJCI:
EKLER ŠKOLJKE:
- 1/2 šalice mlijeka
- 1/2 šalice vode
- 2 žlice bijelog granuliranog šećera
- 1/4 žličice soli (smanjite na prstohvat ako koristite slani maslac)
- 1/2 šalice neslanog maslaca
- 1/2 žličice ekstrakta vanilije
- 1 1/4 šalice višenamjenskog brašna, žlicom i poravnato
- 4 velika jaja

GLAZURA:
- 2/3 šalice glazure/slastičarskog šećera
- 3 žlice javorovog sirupa

PRELJEV:
- 1/2 šalice nasjeckanih oraha ili pekan oraha
- Posipanje solju fleur de sel

MASCARPONE ŠLAG:
- 1 šalica mascarponea
- 2/3 šalice čvrstog vrhnja za šlag
- 1/4 šalice bijelog šećera
- 2 žlice javorovog sirupa

UPUTE:
ZA ECLAIR ŠKOLJKE:
a) Zagrijte pećnicu na 450°F s rešetkama u gornjoj i donjoj trećini. Dva lima za pečenje obložite papirom za pečenje.
b) U srednje jakoj tavi na srednjoj vatri pomiješajte mlijeko, vodu, šećer, sol i maslac. Smjesu zakuhajte, umiješajte vaniliju i odjednom dodajte brašno. Miješajte dok se smjesa ne odlijepi od zidova lonca.
c) Smanjite vatru na najnižu i nastavite kuhati, neprestano miješajući, oko 3 minute da uklonite vlagu. Maknite s vatre i prebacite u zdjelu za miješanje ili zdjelu samostojećeg miksera.
d) Miješajte 2-3 minute da se smjesa ohladi. Dodajte jedno po jedno jaje, dobro umutite nakon svakog dodavanja. Premjestite smjesu u vrećicu i ostavite da odstoji 20 minuta.

e) Izlupajte tijesto u cjepanice dugačke oko 5-6 inča i široke 1 inč, ostavljajući jednak razmak između njih. Pazite da ne budu pretanke jer im je potrebna debljina za kasnije rezanje.
f) Stavite u prethodno zagrijanu pećnicu i ODMAH SMANJITE TOPLINU NA 350°F. Pecite 35-40 minuta dok ne porumene, ne napuhnu i ne postanu hrskave. Ohladite na rešetki.

ZA GLAZURU:
g) Prije glaziranja, izrežite eklere skoro do kraja, ostavljajući "šarku" na jednoj strani. U maloj zdjeli pomiješajte šećer u prahu s javorovim sirupom dok ne postane glazura.
h) Premažite glazurom vrh eklera i odmah pospite nasjeckanim orasima i po želji prstohvatom soli. Ostavite na sobnoj temperaturi dok se glazura ne stegne.

ZA NADJEV:
i) U velikoj zdjeli ili zdjeli samostojećeg miksera opremljenog pjenjačom za mućenje pomiješajte mascarpone, vrhnje za šlag, šećer i javorov sirup.
j) Miješajte dok se smjesa ne zgusne do gustoće. Stavite u vrećicu i napunite svaki eclair. (Nadjev se može napraviti unaprijed, poklopiti, ohladiti i staviti bliže posluživanju.)
k) Punjeni ekleri stoje dobro otvoreni u hladnjaku veći dio dana.

52. Ekler od malina i pistacija

SASTOJCI:
ZA TIJESTO ZA PATE-A-CHOUX:
- 1 šalica vode
- 1/2 šalice neslanog maslaca
- 1/4 žličice soli
- 1 šalica višenamjenskog brašna
- 4 velika jaja

ZA NADJEV:
- 1 šalica oljuštenih pistacija
- 1/2 šalice irske kreme (Bailey's)
- Zelena prehrambena boja
- 8 oz krem sira, omekšali
- 1/2 šalice otopljene bijele čokolade
- 1 šalica vrhnja, ohlađena

ZA GLAZURU:
- 1/2 šalice liofiliziranih malina
- 1 šalica komadića bijele čokolade
- 1/2 šalice gustog vrhnja
- 2 šalice svježih malina

UPUTE:
a) Zagrijte pećnicu na 425F i obložite lim za pečenje papirom za pečenje.
b) Pripremite slastičarsku vrećicu sa zvjezdastim vrhom.

NAPRAVITE TIJESTO ZA PATE-A-CHOUX:
c) U loncu zakuhajte vodu, maslac i sol.
d) Dodajte brašno, miješajte dok ne dobijete glatko tijesto. Ohladite pa dodajte jedno po jedno jaje.
e) Izrežite cjepanice na lim za pečenje i pecite dok ne porumene.

PRIPREMITI GLAZURU OD MALINA:
f) Zdrobite liofilizirane maline i prosijte prah.
g) Pomiješajte bijelu čokoladu i vrhnje, zagrijte dok ne postane glatko.
h) Dodajte maline u prahu, promiješajte i ostavite da se glazura ohladi.

PRIPREMITE KREM NADJEV OD PISTACIJA:

i) Pomiješajte pistacije, Irish Cream i zelenu prehrambenu boju dok ne postanu pire.
j) U posudi istucite krem sir dok ne postane pjenast pa mu dodajte otopljenu bijelu čokoladu i pire od pistacija.
k) Dodajte ohlađeno vrhnje i tucite dok ne postane čvrst.

SASTAVITE EKLERE:
l) Ohlađene eklere podijelite na pola. Na donju polovicu istucite kremu od pistacija, dodajte maline i poklopite gornjom polovicom.
m) Gornju polovicu svakog eklera umočite u glazuru od malina.
n) Ukrasite liofiliziranim komadićima malina, preljevom od bijele čokolade, ostacima vrhnja, svježim malinama ili komadićima pistacija.
o) Držite eklere u hladnjaku i izvadite ih 20 minuta prije posluživanja.
p) Uživajte u prekrasnoj kombinaciji malina i pistacija u ovim elegantnim eklerima, savršenim za svaku priliku!

53. Ekleri od čokolade i lješnjaka

SASTOJCI:
ZA CHOUX PECIVO:
- 1 šalica vode
- 1/2 šalice neslanog maslaca
- 1 šalica višenamjenskog brašna
- 1/2 žličice soli
- 1 žlica šećera
- 4 velika jaja

ZA KREMNI NADJEV OD LJEŠNJAKA :
- 1 šalica gustog vrhnja
- 1/4 šalice šećera u prahu
- 1 žličica ekstrakta vanilije
- 1/2 šalice namaza od lješnjaka (npr. Nutella)

ZA ČOKOLADNI GANACHE:
- 1 šalica poluslatkih komadića čokolade
- 1/2 šalice gustog vrhnja
- 2 žlice neslanog maslaca

UPUTE:
CHOUX PECIVO:

a) Zagrijte pećnicu na 425°F (220°C). Lim za pečenje obložite papirom za pečenje.
b) U loncu na srednjoj vatri pomiješajte vodu, maslac, sol i šećer. Pustite da prokuha.
c) Maknite s vatre i brzo umiješajte brašno dok ne dobijete tijesto.
d) Vratite posudu na laganu vatru i kuhajte tijesto uz stalno miješanje 1-2 minute da se osuši.
e) Prebacite tijesto u veliku zdjelu za miješanje. Pustite da se ohladi par minuta.
f) Dodajte jaja jedno po jedno, dobro tučeći nakon svakog dodavanja dok tijesto ne postane glatko i sjajno.
g) Premjestite tijesto u vrećicu s velikim okruglim vrhom. Zalijepite trake duge 4 inča na pripremljeni lim za pečenje.
h) Pecite 15 minuta na 425°F, zatim smanjite temperaturu na 375°F (190°C) i pecite dodatnih 20 minuta ili dok ne porumene. Pustiti da se potpuno ohladi.

KREMNI NADJEV OD LJEŠNJAKA :
i) U zdjeli za miješanje umutite čvrsto vrhnje dok ne dobijete meke vrhove.
j) Dodajte šećer u prahu i ekstrakt vanilije. Nastavite mutiti dok se ne formiraju čvrsti vrhovi.
k) Nježno umiješajte namaz od lješnjaka dok se dobro ne sjedini.

ČOKOLADNI GANACHE:
l) Stavite komadiće čokolade u zdjelu otpornu na toplinu.
m) U loncu zagrijte vrhnje dok samo ne počne kuhati.
n) Vruće vrhnje prelijte preko čokolade i ostavite da odstoji minutu.
o) Miješajte dok ne postane glatko, zatim dodajte maslac i miješajte dok se ne otopi.

SKUPŠTINA:
p) Svaki ohlađeni eclair vodoravno prerežite na pola.
q) Na donju polovicu svakog eklera žlicom ili cijevima stavljajte nadjev od kreme od lješnjaka.
r) Gornju polovicu eklera stavite na nadjev.
s) Vrh svakog eklera umočite u čokoladni ganache ili žlicom prelijte ganache po vrhu.
t) Ostavite ganache nekoliko minuta da se stegne.
u) Po želji po vrhu posuti nasjeckanim lješnjacima za ukras.
v) Poslužite i uživajte u izvrsnom spoju čokolade i lješnjaka u svakom ukusnom zalogaju ovih eklera od čokolade i lješnjaka!

54. Čokoladni ekleri s maslacem od kikirikija

SASTOJCI:
ZA ECLAIRE:
- 160 ml. voda
- 5 grama šećera
- 70 grama maslaca
- 3 grama fine soli
- 15 grama kukuruznog škroba
- 90 grama višenamjenskog brašna
- 2-3 jaja umućena

ZA KREMU OD KIKIRIKIJI:
- 250 ml. vrhnje za šlag
- 100 grama glatkog maslaca od kikirikija
- 50 grama šećera u prahu

ZA ČOKOLADNI GANACHE (I ZA UMAKANJE I ZA PRELJEV):
- 250 grama crne čokolade
- 250 ml. vrhnje za šlag
- Prstohvat soli

UKRAS:
- 50-60 grama pečenog slanog prepolovljenog kikirikija

UPUTE:
NAPRAVITE EKLERE:
a) Zagrijte pećnicu na 180c stupnjeva.
b) U lonac srednje veličine stavite vodu, sol, šećer i maslac i zagrijte do jakog vrenja.
c) Dodajte kukuruzni škrob i brašno te miješajte dok kuhate dok se ne pretvori u grudu tijesta.
d) Tijesto prebacite u zdjelu električne miješalice s nastavkom za lopaticu i miješajte srednjom brzinom 2-3 minute dok se malo ne ohladi.
e) Postupno dodajte jaja uz mućenje dok tijesto ne postane elastično i glatko.
f) Spremnost tijesta provjerite tako da drvenom žlicom napravite "trag" u sredini tijesta - ako trag ostane stabilan dodajte malo jaja, a ako se malo zatvori - tijesto je gotovo. Bitno je ne dodati previše jaja u tijesto jer može postati premekano i ruinirano.

g) Premjestite tijesto u slastičarsku vrećicu opremljenu nazubljenim vrhom od 2 cm. Na tepsiju obloženu papirom za pečenje cijevi dužine 8-10 cm eklere. Važno je ostaviti razmak između eklera.
h) Pecite eklere 20-25 minuta dok ne porumene i stisnu se.
i) Potpuno ohladite na sobnoj temperaturi.
j) Na dnu svakog eklera napravite 2 male rupice.

KREMA OD KIKIRIKIJI:
k) U zdjeli miksera s nastavkom za mućenje, velikom brzinom umutite vrhnje za šlag, maslac od kikirikija i šećer u prahu dok ne postane kremasto i vrlo stabilno.
l) Punite eklere kremom od kikiriki maslaca i stavite ih napunjene u hladnjak do premazivanja i ukrašavanja.

ČOKOLADNI GANACHE:
m) Čokoladu nasjeckajte i stavite u zdjelu.
n) U manjoj posudi zagrijte vrhnje i sol da provrije.
o) Vruće vrhnje preliti preko nasjeckane čokolade, pričekati minutu i dobro umutiti dok se ne dobije jednoličan i sjajan čokoladni ganache.
p) Vrh eklera umočite u topli ganache i vratite ih na hlađenje u hladnjak da se stisnu.
q) Preostali ganache prebacite u široku kutiju i ostavite u hladnjaku 2-3 sata dok se potpuno ne ohladi.
r) Hladan ganache prebacite u zdjelu miksera s nastavkom za mućenje i mutite velikom brzinom dok ne postane stabilan i prozračan.
s) Premjestite kremu u slastičarsku vrećicu opremljenu nazubljenim vrhom od 2 cm i pokapajte čokoladnu kremu na vrh svakog éclaira.
t) Ukrasite pečenim slanim kikirikijem i poslužite.

55. Praline Éclairs od badema

SASTOJCI:
ZA CHOUX PECIVO:
- 1 šalica vode
- 1/2 šalice neslanog maslaca
- 1 šalica višenamjenskog brašna
- 4 velika jaja

ZA NADJEV:
- 2 šalice slastičarske kreme s okusom badema
- Praline od badema za ukras (sjeckani bademi karamelizirani u šećeru)

ZA GLAZURU:
- 1/2 šalice tamne čokolade, nasjeckane
- 1/4 šalice neslanog maslaca
- 1 šalica šećera u prahu
- 1/4 šalice vruće vode

UPUTE:
CHOUX PECIVO:
a) Zagrijte pećnicu na 375°F (190°C) i obložite lim za pečenje papirom za pečenje.
b) U loncu pomiješajte vodu i maslac. Zagrijte na srednjoj vatri dok se maslac ne rastopi i smjesa ne zavrije.
c) Maknite s vatre, dodajte brašno i snažno miješajte dok smjesa ne postane kugla.
d) Pustite da se tijesto ohladi nekoliko minuta, a zatim dodajte jedno po jedno jaje, dobro umutite nakon svakog dodavanja.
e) Premjestite tijesto u vrećicu za pečenje i izlijte éclairs na pripremljeni lim za pečenje.
f) Pecite oko 30 minuta ili dok ne porumene. Ostaviti da se ohladi.

PUNJENJE:
g) Eklere napunite slastičarskom kremom s okusom badema. Za punjenje svakog éclaira možete koristiti vrećicu ili malu žličicu.
h) Punjene eklere ukrasite pralinama od badema. Da biste napravili praline, zagrijte nasjeckane bademe u tavi dok lagano ne popeku. Po bademima pospite šećer i nastavite zagrijavati dok se šećer ne karamelizira. Ostavite da se ohladi i nasjeckajte na male komadiće.

GLAZURA:
i) U zdjeli otpornoj na toplinu otopite tamnu čokoladu i maslac na pari.
j) Maknite s vatre, dodajte šećer u prahu i postupno umiješajte vruću vodu dok smjesa ne postane glatka.
k) Umočite vrh svakog éclaira u glazuru od tamne čokolade, osiguravajući ravnomjerno prekrivanje. Pustite da višak kapne.
l) Glazirane eklere stavite na pladanj i ostavite da se ohlade dok se čokolada ne stegne.
m) Poslužite ohlađeno i uživajte u orašastoj slatkoći Praline Éclairs od badema!

56. Orah Javor Eclairs

SASTOJCI:
ZA CHOUX PECIVO:
- 1 šalica vode
- 1/2 šalice neslanog maslaca
- 1 šalica višenamjenskog brašna
- 4 velika jaja

ZA NADJEV:
- 2 šalice slastičarske kreme s okusom oraha
- Javorov sirup za prelijevanje

ZA GLAZURU:
- 1/2 šalice bijele čokolade, nasjeckane
- 1/4 šalice neslanog maslaca
- 1 šalica šećera u prahu
- 1/4 šalice vruće vode

UPUTE:
CHOUX PECIVO:
a) Zagrijte pećnicu na 375°F (190°C) i obložite lim za pečenje papirom za pečenje.
b) U loncu pomiješajte vodu i maslac. Zagrijte na srednjoj vatri dok se maslac ne rastopi i smjesa ne zavrije.
c) Maknite s vatre, dodajte brašno i snažno miješajte dok smjesa ne postane kugla.
d) Pustite da se tijesto ohladi nekoliko minuta, a zatim dodajte jedno po jedno jaje, dobro umutite nakon svakog dodavanja.
e) Premjestite tijesto u vrećicu za pečenje i izlijte éclairs na pripremljeni lim za pečenje.
f) Pecite oko 30 minuta ili dok ne porumene. Ostaviti da se ohladi.

PUNJENJE:
g) Eklere napunite slastičarskom kremom s okusom oraha. Za punjenje svakog éclaira koristite vrećicu ili malu žličicu.
h) Napunjene eklere prelijte javorovim sirupom. Količinu javorovog sirupa možete prilagoditi vlastitom ukusu.

GLAZURA:
i) U zdjeli otpornoj na toplinu otopite bijelu čokoladu i maslac na pari.

j) Maknite s vatre, dodajte šećer u prahu i postupno umiješajte vruću vodu dok smjesa ne postane glatka.
k) Umočite vrh svakog éclaira u glazuru od bijele čokolade, osiguravajući ravnomjerno prekrivanje. Pustite da višak kapne.
l) Glazirane eklere stavite na pladanj i ostavite da se ohlade dok se čokolada ne stegne.
m) Poslužite ohlađeno i uživajte u prekrasnoj kombinaciji oraha i javora u Orah Maple Éclairs!

57. Eclairs od pistacije ruže

SASTOJCI:
ZA CHOUX PECIVO:
- 1 šalica vode
- 1/2 šalice neslanog maslaca
- 1 šalica višenamjenskog brašna
- 4 velika jaja

ZA NADJEV:
- 2 šalice slastičarske kreme s okusom pistacija
- Jestive latice ruže za ukras

ZA GLAZURU:
- 1/2 šalice tamne čokolade, nasjeckane
- 1/4 šalice neslanog maslaca
- 1 šalica šećera u prahu
- 1/4 šalice vruće vode

UPUTE:
CHOUX PECIVO:
a) Zagrijte pećnicu na 375°F (190°C) i obložite lim za pečenje papirom za pečenje.
b) U loncu pomiješajte vodu i maslac. Zagrijte na srednjoj vatri dok se maslac ne rastopi i smjesa ne zavrije.
c) Maknite s vatre, dodajte brašno i snažno miješajte dok smjesa ne postane kugla.
d) Pustite da se tijesto ohladi nekoliko minuta, a zatim dodajte jedno po jedno jaje, dobro umutite nakon svakog dodavanja.
e) Premjestite tijesto u vrećicu za pečenje i izlijte éclairs na pripremljeni lim za pečenje.
f) Pecite oko 30 minuta ili dok ne porumene. Ostaviti da se ohladi.

PUNJENJE:
g) Eklere napunite slastičarskom kremom s okusom pistacija. Za punjenje svakog éclaira možete koristiti vrećicu ili malu žličicu.
h) Punjene eklere ukrasite jestivim laticama ruže.

GLAZURA:
i) U zdjeli otpornoj na toplinu otopite tamnu čokoladu i maslac na pari.
j) Maknite s vatre, dodajte šećer u prahu i postupno umiješajte vruću vodu dok smjesa ne postane glatka.

k) Umočite vrh svakog éclaira u glazuru od tamne čokolade, osiguravajući ravnomjerno prekrivanje. Pustite da višak kapne.
l) Glazirane eklere stavite na pladanj i ostavite da se ohlade dok se čokolada ne stegne.
m) Poslužite ohlađeno i uživajte u egzotičnim okusima Pistachio Rose Éclairs!

58. Pecan Caramel Éclairs

SASTOJCI:
ZA CHOUX PECIVO:
- 1 šalica vode
- 1/2 šalice neslanog maslaca
- 1 šalica višenamjenskog brašna
- 4 velika jaja

ZA NADJEV:
- 2 šalice slastičarske kreme s okusom karamele
- Sjeckani pecan orasi za ukras

ZA KARAMEL GLAZURU:
- 1 šalica granuliranog šećera
- 1/4 šalice vode
- 1/2 šalice gustog vrhnja
- 1/4 šalice neslanog maslaca

UPUTE:
CHOUX PECIVO:
a) Zagrijte pećnicu na 375°F (190°C) i obložite lim za pečenje papirom za pečenje.
b) U loncu pomiješajte vodu i maslac. Zagrijte na srednjoj vatri dok se maslac ne rastopi i smjesa ne zavrije.
c) Maknite s vatre, dodajte brašno i snažno miješajte dok smjesa ne postane kugla.
d) Pustite da se tijesto ohladi nekoliko minuta, a zatim dodajte jedno po jedno jaje, dobro umutite nakon svakog dodavanja.
e) Premjestite tijesto u vrećicu za pečenje i izlijte éclairs na pripremljeni lim za pečenje.
f) Pecite oko 30 minuta ili dok ne porumene. Ostaviti da se ohladi.

PUNJENJE:
g) Eklere napunite slastičarskom kremom s okusom karamele. Za punjenje svakog éclaira možete koristiti vrećicu ili malu žličicu.
h) Ukrasite punjene éclairs nasjeckanim pekan orahima.

KARAMEL GLAZURA:
i) U loncu s debelim dnom pomiješajte šećer i vodu na srednjoj vatri. Miješajte dok se šećer ne otopi.
j) Ostavite smjesu da prokuha bez miješanja. Nastavite kuhati dok karamela ne dobije duboku jantarnu boju.

k) Pažljivo i polagano dodajte vrhnje uz stalno miješanje. Budite oprezni jer će smjesa stvarati mjehuriće.
l) Maknite lonac s vatre i umiješajte neslani maslac dok smjesa ne postane glatka.
m) Pustite da se karamel glazura ohladi nekoliko minuta, zatim umočite vrh svakog éclaira u karamel glazuru, osiguravajući ravnomjerno prekrivanje. Pustite da višak kapne.
n) Glazirane eklere stavite na pladanj i ostavite da se ohlade dok se karamel ne stegne.
o) Poslužite ohlađeno i uživajte u slatkim i orašastim užicima Pecan Caramel Éclairs!
p) Slobodno dodajte još nasjeckanih oraha oraha na vrh za dodatnu teksturu. Uživajte u domaćim pekan karamel éclairs!

59. Ekleri od bijele čokolade Macadamia

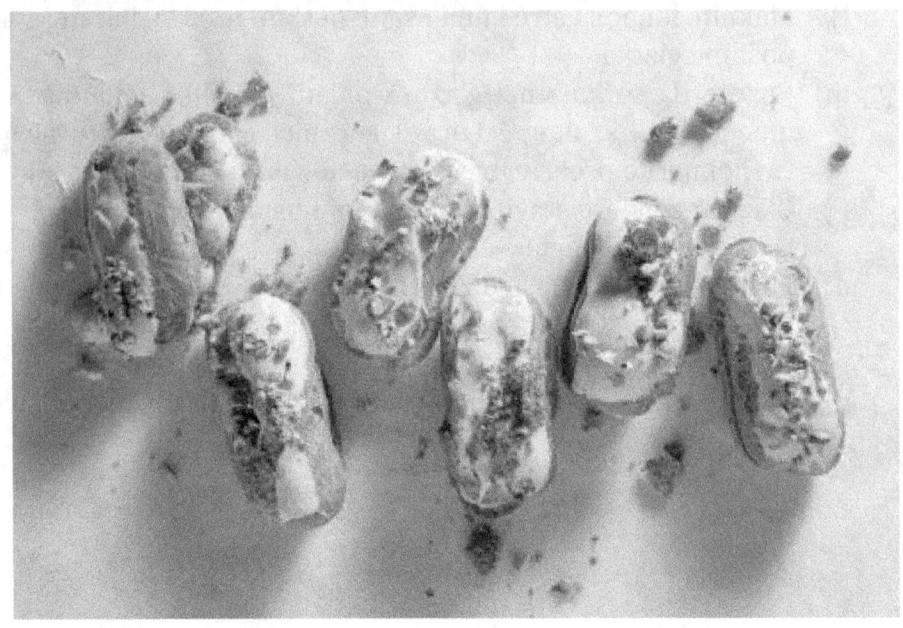

SASTOJCI:
ZA CHOUX PECIVO:
- 1 šalica vode
- 1/2 šalice neslanog maslaca
- 1 šalica višenamjenskog brašna
- 4 velika jaja

ZA NADJEV:
- 2 šalice slastičarske kreme s okusom bijele čokolade i makadamije
- Mljeveni makadamija orasi za ukras

ZA GLAZURU OD BIJELE ČOKOLADE:
- 1/2 šalice bijele čokolade, nasjeckane
- 1/4 šalice neslanog maslaca
- 1 šalica šećera u prahu
- 1/4 šalice vruće vode

UPUTE:
CHOUX PECIVO:
a) Zagrijte pećnicu na 375°F (190°C) i obložite lim za pečenje papirom za pečenje.
b) U loncu pomiješajte vodu i maslac. Zagrijte na srednjoj vatri dok se maslac ne rastopi i smjesa ne zavrije.
c) Maknite s vatre, dodajte brašno i snažno miješajte dok smjesa ne postane kugla.
d) Pustite da se tijesto ohladi nekoliko minuta, a zatim dodajte jedno po jedno jaje, dobro umutite nakon svakog dodavanja.
e) Premjestite tijesto u vrećicu za pečenje i izlijte éclairs na pripremljeni lim za pečenje.
f) Pecite oko 30 minuta ili dok ne porumene. Ostaviti da se ohladi.

PUNJENJE:
g) Eklere napunite slastičarskom kremom s okusom bijele čokolade i makadamije. Za punjenje svakog éclaira koristite vrećicu ili malu žličicu.
h) Punjene eklere ukrasite mljevenim makadamijinim orasima.

GLAZURA OD BIJELE ČOKOLADE:
i) U zdjeli otpornoj na toplinu otopite bijelu čokoladu i maslac na pari.

j) Maknite s vatre, dodajte šećer u prahu i postupno umiješajte vruću vodu dok smjesa ne postane glatka.
k) Umočite vrh svakog éclaira u glazuru od bijele čokolade, osiguravajući ravnomjerno prekrivanje. Pustite da višak kapne.
l) Stavite glazirane eklere na pladanj i ostavite ih da se ohlade dok se bijela čokolada ne stegne.
m) Poslužite ohlađeno i uživajte u prekrasnoj kombinaciji eklera od bijele čokolade Macadamia!

ZAČINJENI EKLERI

60. Ekleri od javorove bundeve

SASTOJCI:
ZA EKLERE:
- 1/2 šalice neslanog maslaca
- 1 šalica vode
- 1 šalica višenamjenskog brašna
- 1/2 žličice mljevenog cimeta
- PO 1/4 žličice: soli, mljevenog muškatnog oraščića
- 4 velika jaja

ZA PUNJENJE:
- 1/3 šalice krem sira, omekšalog
- 1/3 šalice čistog pirea od bundeve
- 1/2 žličice ekstrakta javorovog sirupa
- Pospite mljevenim cimetom, muškatnim oraščićem
- 1 šalica vrhnja, ohlađena
- 1 šalica slastičarskog šećera

ZA GLAZURU:
- 1 1/2 šalice slastičarskog šećera
- 1/4 šalice javorovog sirupa
- 2 žlice gustog vrhnja

UPUTE:
ZA PATE A CHOUX:
a) Zagrijte pećnicu na 425F/218C. Limove za pečenje obložite papirom za pečenje i pripremite slastičarsku vrećicu s vrhom francuske zvijezde.

b) U zdjelu prosijte brašno, sol, cimet i muškatni oraščić. U loncu zakuhajte maslac i vodu. Dodajte suhe sastojke, miješajte dok se ne formira kugla tijesta.

c) Pustite da se tijesto ohladi pa dodajte jedno po jedno jaje, dobro miksajući. Tijesto prebacite u slastičarsku vrećicu.

IZRADA EKLERA:
d) Izrežite eklere od 4 do 6 inča na papir za pečenje. Pecite na 425F 10 minuta, zatim smanjite na 375F i pecite 30-35 minuta dok ne porumeni. Ohladite na rešetki.

NADJEV OD TIKVE:
e) Pomiješajte krem sir, pire od bundeve, ekstrakt i začine. Umutite dok ne postane glatko.

f) U posebnoj zdjeli pjenjačom izmiješajte čvrsto vrhnje i šećer dok se ne formiraju čvrsti vrhovi. Dodajte smjesu od bundeve i miksajte dok ne postane svijetlo i pjenasto.
g) Nadjev prebacite u slastičarsku vrećicu.

JAVOROVA GLAZURA:
h) U zdjelu stavite slastičarski šećer.
i) Dodajte javorov sirup i gusto vrhnje postupno dok ne postignete željenu konzistenciju.

SKUPŠTINA:
j) Nakon što se ekleri ohlade, punite ih sa strane, s donje strane ili tako da ih razdvojite i zalijepite u sredinu.
k) Umočite gornju polovicu svakog punjenog eklera u javorovu glazuru. Pustite da višak glazure kapne.
l) Čuvajte eklere u hladnjaku u hermetički zatvorenoj posudi.

61. Eclairs sa začinima od cimeta

SASTOJCI:
ZA CHOUX PECIVO:
- 1 šalica vode
- 1/2 šalice neslanog maslaca
- 1 šalica višenamjenskog brašna
- 4 velika jaja

ZA NADJEV:
- 2 šalice slastičarske kreme začinjene cimetom

ZA GLAZURU:
- 1/2 šalice tamne čokolade, nasjeckane
- 1/4 šalice neslanog maslaca
- 1 šalica šećera u prahu
- 1/4 šalice vruće vode

UPUTE:
CHOUX PECIVO:
a) Zagrijte pećnicu na 375°F (190°C) i obložite lim za pečenje papirom za pečenje.
b) U loncu pomiješajte vodu i maslac. Zagrijte na srednjoj vatri dok se maslac ne rastopi i smjesa ne zavrije.
c) Maknite s vatre, dodajte brašno i snažno miješajte dok smjesa ne postane kugla.
d) Pustite da se tijesto ohladi nekoliko minuta, a zatim dodajte jedno po jedno jaje, dobro umutite nakon svakog dodavanja.
e) Premjestite tijesto u vrećicu za pečenje i izlijte éclairs na pripremljeni lim za pečenje.
f) Pecite oko 30 minuta ili dok ne porumene. Ostaviti da se ohladi.

PUNJENJE:
g) Pripremite slastičarsku kremu začinjenu cimetom. Možete dodati mljeveni cimet klasičnom receptu za slastičarsku kremu ili koristiti već pripremljenu slastičarsku kremu s okusom cimeta.
h) Punite éclairs slastičarskom kremom začinjenom cimetom pomoću vrećice za pečenje ili male žličice.

GLAZURA:
i) U zdjeli otpornoj na toplinu otopite tamnu čokoladu i maslac na pari.

j) Maknite s vatre, dodajte šećer u prahu i postupno umiješajte vruću vodu dok smjesa ne postane glatka.
k) Umočite vrh svakog éclaira u glazuru od tamne čokolade, osiguravajući ravnomjerno prekrivanje. Pustite da višak kapne.
l) Glazirane eklere stavite na pladanj i ostavite da se ohlade dok se čokolada ne stegne.
m) Poslužite ohlađeno i uživajte u toplom i ugodnom okusu Cinnamon Spice Éclairs!

62. Eclairs s kardamomom

SASTOJCI:
ZA CHOUX PECIVO:
- 1 šalica vode
- 1/2 šalice neslanog maslaca
- 1 šalica višenamjenskog brašna
- 4 velika jaja

ZA NADJEV:
- 2 šalice slastičarske kreme s kardamomom

ZA GLAZURU:
- 1/2 šalice bijele čokolade, nasjeckane
- 1/4 šalice neslanog maslaca
- 1 šalica šećera u prahu
- 1/4 šalice vruće vode

UPUTE:
CHOUX PECIVO:
a) Zagrijte pećnicu na 375°F (190°C) i obložite lim za pečenje papirom za pečenje.
b) U loncu pomiješajte vodu i maslac. Zagrijte na srednjoj vatri dok se maslac ne rastopi i smjesa ne zavrije.
c) Maknite s vatre, dodajte brašno i snažno miješajte dok smjesa ne postane kugla.
d) Pustite da se tijesto ohladi nekoliko minuta, a zatim dodajte jedno po jedno jaje, dobro umutite nakon svakog dodavanja.
e) Premjestite tijesto u vrećicu za pečenje i izlijte éclairs na pripremljeni lim za pečenje.
f) Pecite oko 30 minuta ili dok ne porumene. Ostaviti da se ohladi.

PUNJENJE:
g) Pripremite slastičarsku kremu s kardamomom. Možete dodati mljeveni kardamom u klasični recept za slastičarsku kremu ili koristiti već pripremljenu slastičarsku kremu s okusom kardamoma.
h) Punite éclairs slastičarskom kremom prožetom kardamomom pomoću vrećice za pečenje ili male žličice.

GLAZURA:
i) U zdjeli otpornoj na toplinu otopite bijelu čokoladu i maslac na pari.

j) Maknite s vatre, dodajte šećer u prahu i postupno umiješajte vruću vodu dok smjesa ne postane glatka.
k) Umočite vrh svakog éclaira u glazuru od bijele čokolade, osiguravajući ravnomjerno prekrivanje. Pustite da višak kapne.
l) Stavite glazirane eklere na pladanj i ostavite ih da se ohlade dok se bijela čokolada ne stegne.
m) Poslužite ohlađeno i uživajte u aromatičnom i egzotičnom okusu Cardamom Éclair-a!

63. Eclairs od medenjaka

SASTOJCI:
ZA CHOUX PECIVO:
- 1 šalica vode
- 1/2 šalice neslanog maslaca
- 1 šalica višenamjenskog brašna
- 4 velika jaja

ZA NADJEV:
- 2 šalice slastičarske kreme začinjene medenjacima

ZA GLAZURU:
- 1/2 šalice tamne čokolade, nasjeckane
- 1/4 šalice neslanog maslaca
- 1 šalica šećera u prahu
- 1/4 šalice vruće vode

UPUTE:
CHOUX PECIVO:
a) Zagrijte pećnicu na 375°F (190°C) i obložite lim za pečenje papirom za pečenje.
b) U loncu pomiješajte vodu i maslac. Zagrijte na srednjoj vatri dok se maslac ne rastopi i smjesa ne zavrije.
c) Maknite s vatre, dodajte brašno i snažno miješajte dok smjesa ne postane kugla.
d) Pustite da se tijesto ohladi nekoliko minuta, a zatim dodajte jedno po jedno jaje, dobro umutite nakon svakog dodavanja.
e) Premjestite tijesto u vrećicu za pečenje i izlijte éclairs na pripremljeni lim za pečenje.
f) Pecite oko 30 minuta ili dok ne porumene. Ostaviti da se ohladi.

PUNJENJE:
g) Pripremite slastičarsku kremu začinjenu medenjacima. Klasičnom receptu za slastičarsku kremu možete dodati kombinaciju mljevenog đumbira, cimeta, muškatnog oraščića i klinčića ili koristiti već pripremljenu slastičarsku kremu s okusom medenjaka.
h) Punite éclairs slastičarskom kremom začinjenom medenjacima pomoću vrećice za pečenje ili male žličice.

GLAZURA:

i) U zdjeli otpornoj na toplinu otopite tamnu čokoladu i maslac na pari.
j) Maknite s vatre, dodajte šećer u prahu i postupno umiješajte vruću vodu dok smjesa ne postane glatka.
k) Umočite vrh svakog éclaira u glazuru od tamne čokolade, osiguravajući ravnomjerno prekrivanje. Pustite da višak kapne.
l) Glazirane eklere stavite na pladanj i ostavite da se ohlade dok se čokolada ne stegne.
m) Poslužite ohlađeno i uživajte u toplom i ugodnom okusu Gingerbread Éclairs!

64. Eclairs s infuzijom muškatnog oraščića

SASTOJCI:
ZA CHOUX PECIVO:
- 1 šalica vode
- 1/2 šalice neslanog maslaca
- 1 šalica višenamjenskog brašna
- 4 velika jaja

ZA NADJEV:
- 2 šalice slastičarske kreme s muškatnim oraščićem

ZA GLAZURU:
- 1/2 šalice bijele čokolade, nasjeckane
- 1/4 šalice neslanog maslaca
- 1 šalica šećera u prahu
- 1/4 šalice vruće vode

UPUTE:
CHOUX PECIVO:
a) Zagrijte pećnicu na 375°F (190°C) i obložite lim za pečenje papirom za pečenje.
b) U loncu pomiješajte vodu i maslac. Zagrijte na srednjoj vatri dok se maslac ne rastopi i smjesa ne zavrije.
c) Maknite s vatre, dodajte brašno i snažno miješajte dok smjesa ne postane kugla.
d) Pustite da se tijesto ohladi nekoliko minuta, a zatim dodajte jedno po jedno jaje, dobro umutite nakon svakog dodavanja.
e) Premjestite tijesto u vrećicu za pečenje i izlijte éclairs na pripremljeni lim za pečenje.
f) Pecite oko 30 minuta ili dok ne porumene. Ostaviti da se ohladi.

PUNJENJE:
g) Pripremite slastičarsku kremu s muškatnim oraščićem. Mljeveni muškatni oraščić možete dodati klasičnom receptu za slastičarsku kremu ili koristiti već pripremljenu slastičarsku kremu s okusom muškatnog oraščića.
h) Napunite éclairs slastičarskom kremom s muškatnim oraščićem pomoću vrećice za pečenje ili male žličice.

GLAZURA:
i) U zdjeli otpornoj na toplinu otopite bijelu čokoladu i maslac na pari.

j) Maknite s vatre, dodajte šećer u prahu i postupno umiješajte vruću vodu dok smjesa ne postane glatka.
k) Umočite vrh svakog éclaira u glazuru od bijele čokolade, osiguravajući ravnomjerno prekrivanje. Pustite da višak kapne.
l) Stavite glazirane eklere na pladanj i ostavite ih da se ohlade dok se bijela čokolada ne stegne.
m) Poslužite ohlađeno i uživajte u suptilnoj toplini i mirisu Nutmeg Infusion Éclairs!

65. Chai Latte Éclairs

SASTOJCI:
ZA CHOUX PECIVO:
- 1 šalica vode
- 1/2 šalice neslanog maslaca
- 1 šalica višenamjenskog brašna
- 4 velika jaja

ZA NADJEV:
- 2 šalice slastičarske kreme s chai latteom

ZA GLAZURU:
- 1/2 šalice tamne čokolade, nasjeckane
- 1/4 šalice neslanog maslaca
- 1 šalica šećera u prahu
- 1/4 šalice vruće vode

UPUTE:
CHOUX PECIVO:
a) Zagrijte pećnicu na 375°F (190°C) i obložite lim za pečenje papirom za pečenje.
b) U loncu pomiješajte vodu i maslac. Zagrijte na srednjoj vatri dok se maslac ne rastopi i smjesa ne zavrije.
c) Maknite s vatre, dodajte brašno i snažno miješajte dok smjesa ne postane kugla.
d) Pustite da se tijesto ohladi nekoliko minuta, a zatim dodajte jedno po jedno jaje, dobro umutite nakon svakog dodavanja.
e) Premjestite tijesto u vrećicu za pečenje i izlijte éclairs na pripremljeni lim za pečenje.
f) Pecite oko 30 minuta ili dok ne porumene. Ostaviti da se ohladi.

PUNJENJE:
g) Pripremite slastičarsku kremu s chai latteom. Ubacite mljevene začine za chai (cimet, kardamom, đumbir, klinčić) u klasični recept za slastičarsku kremu ili upotrijebite prethodno pripremljenu slastičarsku kremu s okusom chai latte.
h) Napunite éclairs slastičarskom kremom natopljenom chai latteom pomoću vrećice za pečenje ili male žličice.

GLAZURA:
i) U zdjeli otpornoj na toplinu otopite tamnu čokoladu i maslac na pari.

j) Maknite s vatre, dodajte šećer u prahu i postupno umiješajte vruću vodu dok smjesa ne postane glatka.
k) Umočite vrh svakog éclaira u glazuru od tamne čokolade, osiguravajući ravnomjerno prekrivanje. Pustite da višak kapne.
l) Glazirane eklere stavite na pladanj i ostavite da se ohlade dok se čokolada ne stegne.
m) Poslužite ohlađeno i uživajte u bogatom i začinjenom okusu Chai Latte Éclairs!

66. Eclairs sa začinjenom koricom naranče

SASTOJCI:
ZA CHOUX PECIVO:
- 1 šalica vode
- 1/2 šalice neslanog maslaca
- 1 šalica višenamjenskog brašna
- 4 velika jaja

ZA NADJEV:
- 2 šalice slastičarske kreme sa začinjenom narančinom koricom

ZA GLAZURU:
- 1/2 šalice bijele čokolade, nasjeckane
- 1/4 šalice neslanog maslaca
- 1 šalica šećera u prahu
- 1/4 šalice vruće vode

UPUTE:
CHOUX PECIVO:
a) Zagrijte pećnicu na 375°F (190°C) i obložite lim za pečenje papirom za pečenje.
b) U loncu pomiješajte vodu i maslac. Zagrijte na srednjoj vatri dok se maslac ne rastopi i smjesa ne zavrije.
c) Maknite s vatre, dodajte brašno i snažno miješajte dok smjesa ne postane kugla.
d) Pustite da se tijesto ohladi nekoliko minuta, a zatim dodajte jedno po jedno jaje, dobro umutite nakon svakog dodavanja.
e) Premjestite tijesto u vrećicu za pečenje i izlijte éclairs na pripremljeni lim za pečenje.
f) Pecite oko 30 minuta ili dok ne porumene. Ostaviti da se ohladi.

PUNJENJE:
g) Pripremite slastičarsku kremu sa začinjenom koricom naranče. Klasičnom receptu za slastičarsku kremu dodajte mljevene začine (cimet, klinčić, muškatni oraščić) i sitno naribanu narančinu koricu ili upotrijebite prethodno pripremljenu slastičarsku kremu s okusom narančine korice.
h) Napunite éclairs slastičarskom kremom sa začinjenom koricom naranče pomoću vrećice za pečenje ili male žličice.

GLAZURA:

i) U zdjeli otpornoj na toplinu otopite bijelu čokoladu i maslac na pari.
j) Maknite s vatre, dodajte šećer u prahu i postupno umiješajte vruću vodu dok smjesa ne postane glatka.
k) Umočite vrh svakog éclaira u glazuru od bijele čokolade, osiguravajući ravnomjerno prekrivanje. Pustite da višak kapne.
l) Stavite glazirane eklere na pladanj i ostavite ih da se ohlade dok se bijela čokolada ne stegne.
m) Poslužite ohlađeno i uživajte u prekrasnoj kombinaciji začinjenih okusa i citrusa u eclairima Spiced Orange Zest!

BOMBONI EKLERI

67. Eclair s maslacem od kikirikija

SASTOJCI:
CHOUX PECIVA
- 1 šalica vode
- 1 šalica brašna
- 0,5 šalice kockica maslaca
- 0,25 žličice soli
- 4 velika jaja

ČOKOLADNA KREMA POSLASTIČARNICA
- 1,5 šalica mlijeka
- 1 šalica gustog vrhnja
- 1 žličica vanilije
- 2 žlice kakaa u prahu
- 3 žumanjka
- 1 puno jaje
- 0,5 šalice šećera
- 2,5 žlice kukuruznog škroba
- 0,25 žličice soli
- 5 oz sitno nasjeckane gorke ili poluslatke čokolade
- 3 žlice mekog maslaca/sobne temperature

GANACHE OD MASLCA OD KIKIRIKIJA
- 1/3 šalice gustog vrhnja
- 2 žlice maslaca
- 0,5 šalice maslaca od kikirikija (glatkog ili u komadima)
- 0,5 lb sitno nasjeckane gorko-slatke čokolade

ZA UKRAŠAVANJE
- Reese's Pieces neotpakovane mini šalice ili minijature
- Suho prženi, soljeni kikiriki

UPUTE:
CHOUX PECIVO:
a) Zagrijte pećnicu na 400°F. Limove za pečenje obložite papirom za pečenje i namažite neljepljivim sprejom za kuhanje.
b) U brašno umiješajte sol i ostavite sa strane.
c) Pomiješajte vodu i maslac izrezan na kockice u loncu, zakuhajte pa dodajte brašno/sol. Miješajte dok se ne formira pasta.
d) Nastavite miješati na vatri dok se tijesto ne oblikuje u kuglu i odvoji od posude.

e) Pustite da se tijesto malo ohladi, pa dodajte jedno po jedno jaje, dobro miksajući.
f) Premjestite tijesto u vrećicu za pečenje i izvucite dužine od 3-4 inča na limove za pečenje.
g) Pecite 10 minuta na 400°F, zatim smanjite temperaturu na 375°F i pecite još 20 minuta. Tijekom pečenja pećnicu ne otvarati.

ČOKOLADNA KREMA SLASTIČARNICA:
h) Pomiješajte mlijeko, vrhnje i vaniliju u lončiću. U posebnoj zdjeli pjenasto izmiješajte šećer, jaja, žumanjke, kukuruzni škrob, kakao prah i sol.
i) Pola mlijeka na pari ulijte u smjesu od jaja uz stalno miješanje. Ostatak dodajte postupno, pa ulijte natrag u lonac.
j) Zagrijte na srednje jakoj vatri, neprestano miješajući dok krema ne zabubi. Dodati nasjeckanu čokoladu i miješati dok se ne otopi.
k) Maknite s vatre, dodajte maslac, miješajte dok se ne sjedini. Pokrijte prozirnom folijom koja dodiruje površinu i ohladite.

SASTAVLJANJE EKLERA SA SLASTIČARSKOM KREMOM:
l) Stavite vrećicu s tankim, ravnim vrhom. Napunite slastičarskom kremom.
m) Probušite dvije rupe na donjoj strani svakog eklera. Napunite slastičarskom kremom s oba kraja.

GANACHE OD MASLCA OD KIKIRIKIJA:
n) Nasjeckajte čokoladu na sitne listiće. U loncu zagrijte vrhnje.
o) Vruće vrhnje preliti preko čokolade. Pustite da se otopi oko 45 sekundi, a zatim miješajte dok smjesa ne postane glatka.
p) Pomiješajte maslac od kikirikija i maslac dok smjesa ne postane glatka. Ohladite na sobnu temperaturu.

DEKORACIJA:
q) Frost eklere s ganacheom od maslaca od kikirikija pomoću lopatice.
r) Umutite preostali ganache u samostojećem mikseru i nanesite na eklere.
s) Na vrh stavite male šalice maslaca od kikirikija i slani kikiriki.

68. Ekleri sa slanom karamelom

SASTOJCI:
PATE CHOUX
- 1 šalica brašna
- 1 šalica vode
- 8 žlica neslanog maslaca
- ½ žličice soli
- 4 jaja

SLASTIČARSKA KREMA
- 2 ¼ šalice punomasnog mlijeka
- ¼ šalice kukuruznog škroba
- ¼ šalice šećera
- 4 žumanjka
- 1 mahunu vanilije prepolovite i izvadite sjemenke
- Prstohvat soli

SLANI KARAMEL UMAK
- 1 šalica šećera
- ¼ šalice neslanog maslaca 4Tb, narezanog na komadiće
- 1 žličica ekstrakta vanilije
- ½ šalice gustog vrhnja
- ½ žličice ljuspičaste morske soli + više, za ukras

UPUTE:
NAPRAVITE SLASTIČARSKU KREMU
a) U srednji lonac dodajte mlijeko, kukuruzni škrob, šećer, žumanjke, prstohvat soli i izrezanu mahunu vanilije i zagrijte na srednjoj temperaturi.
b) Miješajte smjesu dok ne postane glatka i zgusnuta, a smjesa kreme ne prekrije stražnju stranu žlice.
c) Kada se smjesa zgusne, maknite smjesu s vatre i procijedite kroz fino sito u drugu zdjelu. To će vam pomoći ukloniti sve grudice ili jaja koja su se možda umutila.
d) Stavite plastičnu foliju izravno na kremu, pazeći da se dodiruje kako se ne bi stvorila "kožica" i ohladite slastičarsku kremu u hladnjaku dok se potpuno ne ohladi, najmanje 4 sata. (Napomena* Što duže odstoji, krema će biti gušća i lakše ju je uliti u tijesto).

NAPRAVITE PÂTE À CHOUX (TIJESTO ZA PECIVO)
e) Prethodno zagrijte pećnicu na 425 stupnjeva Fahrenheita i obložite 2 lima za pečenje papirom za pečenje ili silpatom.
f) U međuvremenu, u srednjem loncu otopite maslac, vodu i sol zajedno na srednje niskoj vatri.
g) Dodajte brašno i miješajte žlicom dok se sve ne sjedini i ne dobije tijesto. Nastavite kuhati tijesto 2 minute, pazeći da nema ostataka sirovog brašna.
h) Dodajte jaja, 1 po jedno i nastavite miješati žlicom dok se sve dobro ne sjedini. U početku može izgledati mokro, ali tijesto će se skupiti i povući sa stijenki lonca.
i) Uklonite tijesto s vatre i prebacite ga u vrećicu za pečenje ili plastičnu vrećicu koja se može zatvoriti. Napunite vrećicu do 3,4 puta i odrežite cijelu u jednom od kutova.
j) Na lim za pečenje nanesite komade slastičarske kreme, duge oko 4-5 inča, možete stati oko 10-12 na lim za pečenje.
k) Pecite pâte à choux na 425 stupnjeva Fahrenheita 10 minuta, zatim smanjite temperaturu na 250 stupnjeva Fahrenheita i nastavite peći još 20 minuta ili dok sva pate à choux ne porumeni. Kada je gotovo, izvadite iz pećnice i ostavite da se potpuno ohladi.

NAPRAVITE SLANI KARAMEL UMAK
l) U manji lonac dodajte šećer i kuhajte na laganoj vatri dok se šećer ne zgruša.
m) Drvenom žlicom izlomite šećer, ako je potrebno i nastavite kuhati dok se šećer ne rastopi i postane potpuno gladak te postane svijetlosmeđe boje.
n) Dodajte maslac, vaniliju i vrhnje i promiješajte. Dodajte prstohvat sitne morske soli i začinite po ukusu.
o) Ugasite vatru i nastavite miješati umak od karamele dok se ne zgusne i postane raztočiv. Ostavljeno sa strane.

SASTAVITE EKLERE
p) Upotrijebite štapić ili ražanj i izbušite rupe sa svake strane ljuske tijesta, stvarajući tunel unutar tijesta.
q) Ohlađenu slastičarsku kremu utisnite u tijesto za pecivo, ali nemojte prepuniti.
r) Umočite jednu stranu eklera u karamel umak ili možete žlicom preliti karamel umak po vrhu.
s) Ukrasite eclair dodatnom morskom soli ili jestivim posipom.

69. S'mores Éclairs

SASTOJCI:
- 1 šalica punomasnog mlijeka
- 1 šalica vode
- 1 šalica neslanog maslaca, narezanog na komadiće
- 1 žličica šećera
- ½ žličice soli
- 1 šalica višenamjenskog brašna
- 7 velikih jaja, na sobnoj temperaturi
- ¾ šalice mrvica graham krekera
- 4 šalice šlaga
- 1 šalica čokoladnog ganachea

UPUTE:
a) Zagrijte pećnicu i na 400°F. Pripremite 2 velika lima za pečenje s papirom za pečenje. Staviti na stranu.
b) U srednjem loncu debelog dna zakuhajte mlijeko, vodu, maslac, šećer i sol. Nakon što smjesa zavrije, dodajte svo brašno odjednom, smanjite vatru na srednju i brzo miješajte smjesu drvenom kuhačom. Nakon 1 minute smanjite vatru i miješajte još 3 minute. Tijesto će biti glatko i sjajno.
c) Premjestite tijesto u zdjelu samostojećeg miksera opremljenog nastavkom s lopaticom. Mijesite tijesto 5 minuta da se ohladi.
d) Dodajte jaja jedno po jedno, muteći 1 minutu nakon svakog dodanog jajeta. Tijesto će se odvojiti, ali će se nakon nekog vremena opet skupiti.
e) Stavite tijesto u vrećicu za pečenje s otvorom od 1". Izvucite tijesto u dužinu od 3-4" na limove obložene papirom za pečenje. Navlaženim prstom popravite nazubljene rubove tijesta, ako je potrebno.
f) Pecite éclairs 20 minuta, ili dok ne napuhnu i porumene. Okrenite posude na pola vremena pečenja.
g) Da biste napravili nadjev, umiješajte mrvice graham krekera u šlag.
h) Nakon što se éclairs ohlade, napunite ih šlagom pomoću dugačkog, uskog vrha za izljev.

70. Ekleri od peperminta

SASTOJCI:

ZA PATE A CHOUX:
- 1/2 šalice neslanog maslaca
- 1 šalica vode
- 1/4 žličice soli
- 1 šalica višenamjenskog brašna
- 4 velika jaja

ZA PEPPERMINT NADJEV:
- 1/2 šalice neslanog maslaca, omekšalog
- 4 oz krem sira, omekšali
- 1/2 šalice zaslađenog kondenziranog mlijeka
- 1 1/2 šalice gustog vrhnja, ohlađeno
- 1 šalica slastičarskog šećera (po želji)
- 1 žličica vanilije
- 1/4 žličice ulja paprene metvice

ZA UKRAŠAVANJE:
- 1 1/2 šalice bijele čokolade otopljene
- 1/2 šalice zdrobljenih bombona
- Crvena prehrambena boja (po izboru)

UPUTE:

ZA PATE A CHOUX:
a) Zagrijte pećnicu na 425F/218C i obložite lim za pečenje papirom za pečenje.
b) U loncu rastopite maslac, dodajte vodu i sol, zakuhajte.
c) Dodati brašno, mutiti dok se ne formira kugla od tijesta. Ostavite da se ohladi 20 minuta.
d) Postupno dodajte jaja, jedno po jedno, dobro miksajući nakon svakog dodavanja.
e) Prebacite tijesto u slastičarsku vrećicu i izvucite eklere od 4 do 6 inča na lim za pečenje.
f) Pecite na 425F/218C 10 minuta, zatim smanjite temperaturu na 375F/190C i pecite 40-45 minuta dok ne porumene. Nemojte otvarati vrata pećnice.

ZA PUNJENJE:
g) Umutite omekšali maslac i krem sir dok ne postane glatko.

h) Dodajte zaslađeno kondenzirano mlijeko, miksajte dok ne postane kremasto.
i) Dodajte ohlađeno vrhnje, vaniliju i ulje paprene metvice. Miješajte dok se ne formiraju čvrsti vrhovi.

SASTAVLJANJE EKLARA:
j) Eklere potpuno ohladite i napravite rupe za punjenje.
k) Prebacite nadjev u slastičarsku vrećicu s vrhom za punjenje i punite eklere dok krema ne izađe na krajeve.
l) Za ukras umočite eklere u otopljenu bijelu čokoladu, a zatim pospite mljevenim bombonima.
m) Po želji, ostavite 1 šalicu tučenog vrhnja, dodajte crvenu prehrambenu boju i prelijte obične eklere. Ukrasite zdrobljenim bombonjerom.
n) Držati u hladnjaku ako se ne konzumira unutar nekoliko sati. Najbolje je uživati unutar 2-3 dana.

71. Toffee Crunch Eclairs

SASTOJCI:
ZA CHOUX PECIVO:
- 1 šalica vode
- 1/2 šalice neslanog maslaca
- 1 šalica višenamjenskog brašna
- 4 velika jaja

ZA NADJEV:
- 2 šalice slastičarske kreme s okusom karamele

ZA TOFFEE CRUNCH PRELJEV:
- 1 šalica komadića karamele ili zdrobljenih bombona od karamele
- 1/2 šalice nasjeckanih orašastih plodova (npr. bademi ili pekan orasi)

ZA GLAZURU:
- 1/2 šalice tamne čokolade, nasjeckane
- 1/4 šalice neslanog maslaca
- 1 šalica šećera u prahu
- 1/4 šalice vruće vode

UPUTE:
CHOUX PECIVO:
a) Zagrijte pećnicu na 375°F (190°C) i obložite lim za pečenje papirom za pečenje.
b) U loncu pomiješajte vodu i maslac. Zagrijte na srednjoj vatri dok se maslac ne rastopi i smjesa ne zavrije.
c) Maknite s vatre, dodajte brašno i snažno miješajte dok smjesa ne postane kugla.
d) Pustite da se tijesto ohladi nekoliko minuta, a zatim dodajte jedno po jedno jaje, dobro umutite nakon svakog dodavanja.
e) Premjestite tijesto u vrećicu za pečenje i izlijte éclairs na pripremljeni lim za pečenje.
f) Pecite oko 30 minuta ili dok ne porumene. Ostaviti da se ohladi.

PUNJENJE:
g) Pripremite slastičarsku kremu s okusom karamele. Možete dodati ekstrakt karamele ili zdrobljene komadiće karamele klasičnom receptu za slastičarsku kremu ili koristiti već pripremljenu slastičarsku kremu s okusom karamele.

h) Punite éclairs slastičarskom kremom s okusom karamele pomoću vrećice za pečenje ili male žličice.

TOFFEE CRUNCH PRELJEV:

i) U zdjeli pomiješajte komadiće karamele i nasjeckane orahe.
j) Punjene éclairs izdašno pospite toffee crunch preljevom, osiguravajući ravnomjerno prekrivanje.

GLAZURA:

k) U zdjeli otpornoj na toplinu otopite tamnu čokoladu i maslac na pari.
l) Maknite s vatre, dodajte šećer u prahu i postupno umiješajte vruću vodu dok smjesa ne postane glatka.
m) Umočite vrh svakog éclaira u glazuru od tamne čokolade, osiguravajući ravnomjerno prekrivanje. Pustite da višak kapne.
n) Glazirane eklere stavite na pladanj i ostavite da se ohlade dok se čokolada ne stegne.
o) Poslužite ohlađeno i uživajte u slatkoj i hrskavoj dobroti Toffee Crunch Éclairs!

72.Šećerna vuna Eclairs

SASTOJCI:
ZA CHOUX PECIVO:
- 1 šalica vode
- 1/2 šalice neslanog maslaca
- 1 šalica višenamjenskog brašna
- 4 velika jaja

ZA NADJEV:
- 2 šalice kreme za tijesto s okusom šećerne vune

ZA UKRAŠAVANJE ŠEĆERNE VUNE:
- Šećerna vuna za preljev

ZA GLAZURU:
- 1/2 šalice bijele čokolade, nasjeckane
- 1/4 šalice neslanog maslaca
- 1 šalica šećera u prahu
- 1/4 šalice vruće vode

UPUTE:
CHOUX PECIVO:
a) Zagrijte pećnicu na 375°F (190°C) i obložite lim za pečenje papirom za pečenje.
b) U loncu pomiješajte vodu i maslac. Zagrijte na srednjoj vatri dok se maslac ne rastopi i smjesa ne zavrije.
c) Maknite s vatre, dodajte brašno i snažno miješajte dok smjesa ne postane kugla.
d) Pustite da se tijesto ohladi nekoliko minuta, a zatim dodajte jedno po jedno jaje, dobro umutite nakon svakog dodavanja.
e) Premjestite tijesto u vrećicu za pečenje i izlijte éclairs na pripremljeni lim za pečenje.
f) Pecite oko 30 minuta ili dok ne porumene. Ostaviti da se ohladi.

PUNJENJE:
g) Pripremite kremu za tijesto s okusom šećerne vune. Klasičnom receptu za slastičarsku kremu možete dodati aromu šećerne vune ili zdrobljenu šećernu vunu ili upotrijebiti već pripremljenu slastičarsku kremu s okusom šećerne vune.
h) Punite éclairs slastičarskom kremom s okusom šećerne vune pomoću vrećice za pečenje ili male žličice.

UKRAS ŠEĆERNE VATNE:

i) Neposredno prije posluživanja, na svaki éclair stavite čuperak šećerne vune za otkačen dodir.

GLAZURA:

j) U zdjeli otpornoj na toplinu otopite bijelu čokoladu i maslac na pari.
k) Maknite s vatre, dodajte šećer u prahu i postupno umiješajte vruću vodu dok smjesa ne postane glatka.
l) Umočite vrh svakog éclaira u glazuru od bijele čokolade, osiguravajući ravnomjerno prekrivanje. Pustite da višak kapne.
m) Stavite glazirane eklere na pladanj i ostavite ih da se ohlade dok se bijela čokolada ne stegne.
n) Poslužite ohlađeno i doživite slatku nostalgiju šećerne vate Éclairs!

73. Rocky Road Éclairs

SASTOJCI:
ZA CHOUX PECIVO:
- 1 šalica vode
- 1/2 šalice neslanog maslaca
- 1 šalica višenamjenskog brašna
- 4 velika jaja

ZA NADJEV:
- 2 šalice čokoladnog moussea ili slastičarske kreme s okusom čokolade

ZA ROCKY ROAD TOPPING:
- 1 šalica mini marshmallowa
- 1/2 šalice nasjeckanih orašastih plodova (npr. bademi ili orasi)
- 1/2 šalice čokoladnih mrvica ili komadića

ZA ČOKOLADNU GLAZURU:
- 1/2 šalice tamne čokolade, nasjeckane
- 1/4 šalice neslanog maslaca
- 1 šalica šećera u prahu
- 1/4 šalice vruće vode

UPUTE:
CHOUX PECIVO:
a) Zagrijte pećnicu na 375°F (190°C) i obložite lim za pečenje papirom za pečenje.
b) U loncu pomiješajte vodu i maslac. Zagrijte na srednjoj vatri dok se maslac ne rastopi i smjesa ne zavrije.
c) Maknite s vatre, dodajte brašno i snažno miješajte dok smjesa ne postane kugla.
d) Pustite da se tijesto ohladi nekoliko minuta, a zatim dodajte jedno po jedno jaje, dobro umutite nakon svakog dodavanja.
e) Premjestite tijesto u vrećicu za pečenje i izlijte éclairs na pripremljeni lim za pečenje.
f) Pecite oko 30 minuta ili dok ne porumene. Ostaviti da se ohladi.

PUNJENJE:
g) Pripremite čokoladni mousse ili slastičarsku kremu s okusom čokolade. Možete koristiti već pripremljenu verziju ili izraditi vlastitu prema svojim željama.

h) Punite éclairs čokoladnim mousseom ili slastičarskom kremom s okusom čokolade pomoću vrećice za pečenje ili male žličice.

STJENOVITI VRH CESTE:

i) U zdjeli pomiješajte mini sljez, nasjeckane orahe i komadiće čokolade.
j) Punjene éclairs obilato pospite kamenitim preljevom za ceste, osiguravajući ravnomjernu pokrivenost.

ČOKOLADNA GLAZURA:

k) U zdjeli otpornoj na toplinu otopite tamnu čokoladu i maslac na pari.
l) Maknite s vatre, dodajte šećer u prahu i postupno umiješajte vruću vodu dok smjesa ne postane glatka.
m) Umočite vrh svakog éclaira u čokoladnu glazuru, osiguravajući ravnomjerno prekrivanje. Pustite da višak iscuri.
n) Glazirane eklere stavite na pladanj i ostavite da se ohlade dok se čokolada ne stegne.
o) Poslužite ohlađeno i uživajte u prekrasnoj kombinaciji tekstura i okusa u Rocky Road Éclairs!

74. Bubbleguma Éclairs

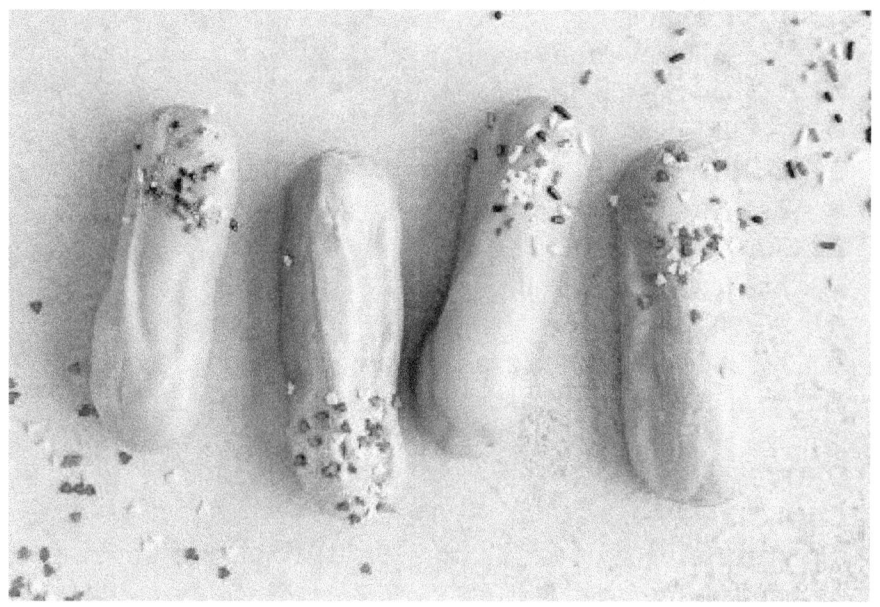

SASTOJCI:
ZA CHOUX PECIVO:
- 1 šalica vode
- 1/2 šalice neslanog maslaca
- 1 šalica višenamjenskog brašna
- 4 velika jaja

ZA NADJEV:
- 2 šalice slastičarske kreme s okusom žvakaće gume

ZA GLAZURU ZA GUME :
- 1 šalica šećera u prahu
- 2-3 žlice mlijeka
- 1-2 žličice ekstrakta žvakaće gume ili arome (po želji)
- Roza ili plava prehrambena boja (po izboru)

UPUTE:
CHOUX PECIVO:
a) Zagrijte pećnicu na 375°F (190°C) i obložite lim za pečenje papirom za pečenje.
b) U loncu pomiješajte vodu i maslac. Zagrijte na srednjoj vatri dok se maslac ne rastopi i smjesa ne zavrije.
c) Maknite s vatre, dodajte brašno i snažno miješajte dok smjesa ne postane kugla.
d) Pustite da se tijesto ohladi nekoliko minuta, a zatim dodajte jedno po jedno jaje, dobro umutite nakon svakog dodavanja.
e) Premjestite tijesto u vrećicu za pečenje i izlijte éclairs na pripremljeni lim za pečenje.
f) Pecite oko 30 minuta ili dok ne porumene. Ostaviti da se ohladi.

PUNJENJE:
g) Pripremite slastičarsku kremu s okusom žvakaće gume. Dodajte ekstrakt žvakaće gume ili aromu klasičnom receptu za slastičarsku kremu ili upotrijebite već pripremljenu slastičarsku kremu s okusom žvakaće gume.
h) Punite éclairs slastičarskom kremom s okusom žvakaće gume pomoću vrećice za pečenje ili male žličice.

GLAZURA OD GUME:
i) U zdjeli pomiješajte šećer u prahu, mlijeko i ekstrakt žvakaće gume. Miksajte dok ne postane glatko.

j) Po želji dodajte nekoliko kapi ružičaste ili plave prehrambene boje kako biste postigli boju žvakaće gume.
k) Umočite vrh svakog éclaira u glazuru od žvakaće gume, osiguravajući ravnomjerno prekrivanje. Pustite da višak kapne.
l) Glazirane eklere stavite na pladanj i ostavite da se ohlade dok se glazura ne stegne.
m) Poslužite ohlađeno i doživite zabavan i jedinstven okus Bubblegum Éclairs!

75. Sour Patch Citrus Éclairs

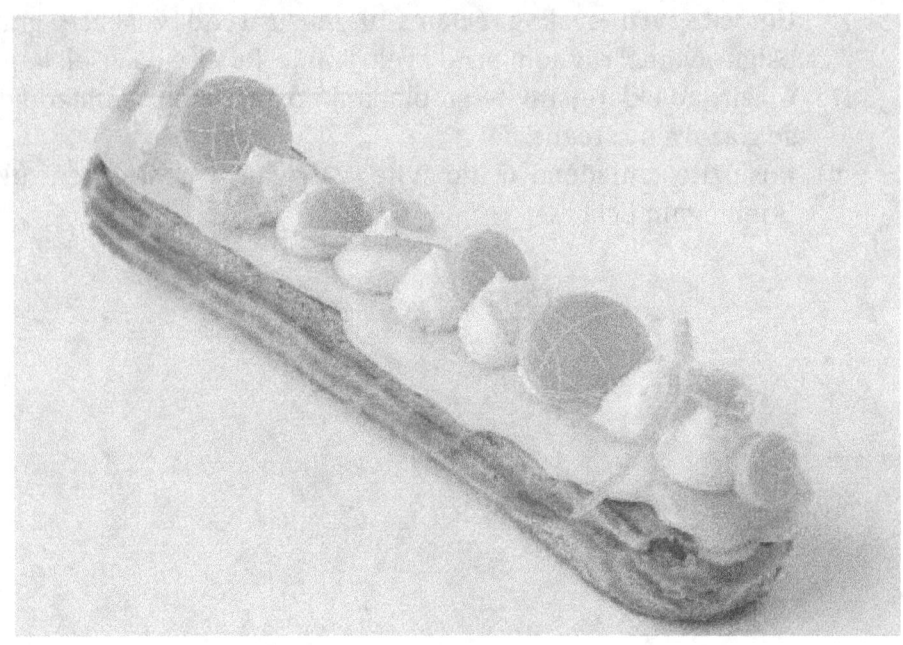

SASTOJCI:
ZA CHOUX PECIVO:
- 1 šalica vode
- 1/2 šalice neslanog maslaca
- 1 šalica višenamjenskog brašna
- 4 velika jaja

ZA NADJEV OD CITRUSA:
- 2 šalice slastičarske kreme s citrusima
- (Kombinirajte koricu limuna, limete i naranče u klasičnom receptu za slastičarsku kremu ili upotrijebite prethodno pripremljenu slastičarsku kremu s okusom citrusa.)

ZA GLAZURU OD CITRUSA SOUR PATCH:
- 1 šalica šećera u prahu
- 2-3 žlice soka citrusa (limun, limeta ili naranča)
- 1-2 žličice limunske kiseline ili vinske kiseline (prilagodite okusu za kiselost)
- Korica jednog agruma (za ukras)

UPUTE:
CHOUX PECIVO:
a) Zagrijte pećnicu na 375°F (190°C) i obložite lim za pečenje papirom za pečenje.
b) U loncu pomiješajte vodu i maslac. Zagrijte na srednjoj vatri dok se maslac ne rastopi i smjesa ne zavrije.
c) Maknite s vatre, dodajte brašno i snažno miješajte dok smjesa ne postane kugla.
d) Pustite da se tijesto ohladi nekoliko minuta, a zatim dodajte jedno po jedno jaje, dobro umutite nakon svakog dodavanja.
e) Premjestite tijesto u vrećicu za pečenje i izlijte éclairs na pripremljeni lim za pečenje.
f) Pecite oko 30 minuta ili dok ne porumene. Ostaviti da se ohladi.

NADJEV OD CITRUSA:
g) Pripremite slastičarsku kremu s citrusima. Kombinirajte koricu limuna, limete i naranče u klasičnom receptu za slastičarsku kremu ili upotrijebite već pripremljenu slastičarsku kremu s okusom citrusa.

h) Punite éclairs slastičarskom kremom prožetom citrusima pomoću vrećice za pečenje ili male žličice.

SOUR PATCH GLAZURA OD CITRUSA:

i) U zdjeli pomiješajte šećer u prahu, sok citrusa i limunsku kiselinu. Miksajte dok ne postane glatko. Podesite limunsku kiselinu kako biste postigli željenu razinu kiselosti.
j) Umočite vrh svakog éclaira u kiselu glazuru od citrusa, osiguravajući ravnomjerno prekrivanje. Pustite da višak iscuri.
k) Glazirane eklere za ukrašavanje pospite koricom citrusa.
l) Glazirane eklere stavite na pladanj i ostavite da se ohlade dok se glazura ne stegne.
m) Poslužite ohlađeno i uživajte u pikantnom i pikantnom okusu Sour Patch Citrus Éclairs!

76. Licorice Lovers Éclairs

SASTOJCI:
ZA CHOUX PECIVO:
- 1 šalica vode
- 1/2 šalice neslanog maslaca
- 1 šalica višenamjenskog brašna
- 4 velika jaja

ZA NADJEV:
- 2 šalice slastičarske kreme s okusom sladića

ZA GLAZURU OD SLADIĆA:
- 1 šalica šećera u prahu
- 2-3 žlice sirupa ili ekstrakta sladića
- Crna prehrambena boja (po izboru, za boju)
- Voda (koliko je potrebno za gustoću)

UPUTE:
CHOUX PECIVO:
a) Zagrijte pećnicu na 375°F (190°C) i obložite lim za pečenje papirom za pečenje.
b) U loncu pomiješajte vodu i maslac. Zagrijte na srednjoj vatri dok se maslac ne rastopi i smjesa ne zavrije.
c) Maknite s vatre, dodajte brašno i snažno miješajte dok smjesa ne postane kugla.
d) Pustite da se tijesto ohladi nekoliko minuta, a zatim dodajte jedno po jedno jaje, dobro umutite nakon svakog dodavanja.
e) Premjestite tijesto u vrećicu za pečenje i izlijte éclairs na pripremljeni lim za pečenje.
f) Pecite oko 30 minuta ili dok ne porumene. Ostaviti da se ohladi.

PUNJENJE:
g) Pripremite slastičarsku kremu s okusom sladića. Dodajte sirup ili ekstrakt sladića klasičnom receptu za slastičarsku kremu ili upotrijebite prethodno pripremljenu slastičarsku kremu s okusom sladića.
h) Punite éclairs slastičarskom kremom s okusom sladića pomoću vrećice za pečenje ili male žličice.

GLAZURA OD SLADIĆA:
i) U posudi pomiješajte šećer u prahu i sirup ili ekstrakt sladića. Postupno dodajte vodu dok ne postignete željenu konzistenciju glazure.
j) Po želji dodajte crnu prehrambenu boju kako biste postigli duboku boju sladića.
k) Umočite vrh svakog éclaira u glazuru od sladića, osiguravajući ravnomjerno prekrivanje. Pustite da višak kapne.
l) Glazirane eklere stavite na pladanj i ostavite da se ohlade dok se glazura ne stegne.
m) Poslužite ohlađeno i doživite odvažan i jedinstven okus Licorice Lovers Éclairs!

EKLERI S OKUSOM KAVE

77. Cappuccino Eclairs

SASTOJCI:
- 1 serija domaćih ili kupovnih ljuski za eklere
- 1 šalica gustog vrhnja
- 2 žlice granula instant kave
- ¼ šalice šećera u prahu
- ½ žličice ekstrakta vanilije
- ¼ šalice kakaa u prahu (za posipanje)

UPUTE:
a) Pripremite kore za eklere prema receptu ili uputama na pakiranju i ostavite ih da se ohlade.
b) U maloj posudi otopite granule instant kave u nekoliko žlica vruće vode. Ostavite da se ohladi.
c) U posebnoj zdjeli umutite čvrsto vrhnje, šećer u prahu i ekstrakt vanilije dok se ne stvore čvrsti vrhovi.
d) Nježno umiješajte smjesu kave u šlag.
e) Prerežite svaku koru za eklere vodoravno na pola i napunite ih šlagom s okusom kave.
f) Pospite vrhove eklera kakaom u prahu.
g) Poslužite i uživajte u domaćim cappuccino eklerima!

78. Tiramisu Eclairs

SASTOJCI:
TIJESTO ZA EKLER:
- 3 velika jaja, sobne temperature
- 1/2 šalice vode
- 4 1/2 žlice neslanog maslaca, narezanog na kockice od 1/2 inča
- 3 žlice granuliranog šećera
- 3/4 šalice prosijanog višenamjenskog brašna
- 1 žlica instant kave
- 1 1/2 žličice mljevenog cimeta

MASCARPONE NADJEV:
- 8 unci mascarpone sira
- 1/2 šalice gustog vrhnja
- 6 žlica granuliranog šećera
- 2 žlice svijetlog ruma

GLAZURA:
- 1/2 šalice slastičarskog šećera
- 5 žličica gustog vrhnja

UPUTE:
TIJESTO ZA EKLER:
a) Zagrijte pećnicu na 425 stupnjeva F. Obložite dva lima za pečenje papirom za pečenje.
b) U staklenoj mjernoj posudi miješajte jaja dok se ne sjedine. Ostavite 2 žlice tučenih jaja u malu šalicu.
c) U srednje teškoj tavi pomiješajte vodu, maslac i šećer. Zagrijte na srednjoj vatri dok se maslac ne otopi.
d) Pojačajte vatru na srednje jaku i pustite da smjesa zavrije. Maknite s vatre.
e) Žičanom pjenjačom umiješajte brašno, instant kavu i cimet. Snažno miješajte 20 do 30 sekundi dok smjesa ne postane glatka i ne odmakne se od zidova posude.
f) Vratite tavu na vatru neprestano miješajući drvenom kuhačom. Kuhajte 30 do 60 sekundi dok pasta ne postane vrlo glatka kugla. Prebacite pastu u veliku zdjelu.
g) Prelijte rezerviranu 1/2 šalice tučenih jaja preko paste i snažno tucite drvenom kuhačom 45 do 60 sekundi dok smjesa ne postane glatko, mekano tijesto. Tijesto treba zadržati svoj oblik

kada se zahvata žlicom, ali mora biti dovoljno mekano da polako klizi sa žlice kada se naginje.

h) Napunite slastičarsku vrećicu s ravnim vrhom od 5/16 inča tijestom za eclair. Zalijepite trake od 5 inča široke otprilike 1/2 inča na pripremljene limove za pečenje, ostavljajući oko 1 1/2 inča između eklera.

i) Vrhove eklera lagano premažite preostalim razmućenim jajetom.

j) Pecite eklere 10 minuta, zatim smanjite temperaturu pećnice na 375 stupnjeva F. Nastavite peći 20 do 25 minuta dok ne postanu hrskavi. Eklere prebacite na rešetku i potpuno ohladite.

MASCARPONE NADJEV:

k) U velikoj zdjeli pjenasto izmiksajte mascarpone sir, vrhnje i šećer dok ne postane glatko.

l) Umiješajte rum.

GLAZURA:

m) U maloj zdjeli pomiješajte slastičarski šećer s gustim vrhnjem. Miješajte dok ne postane glatko.

SASTAVITE I GLAZIRAJTE EKLERE:

n) Prerežite eklere na pola i uklonite vlažno tijesto.

o) Svaki eclair napunite s otprilike tri žlice mascarpone nadjeva.

p) Vratite vrh svakog eklera.

q) Premažite glazurom vrh svakog eklera.

r) Pospite prosijanim kakaovim prahom i po želji ukrasite šlagom.

79. Mocha Eclairs

SASTOJCI:
CHOUX PECIVO:
- 1 Choux tijesto

POSLASTIČAR OD KAVE:
- 2 žličice ekstrakta vanilije
- 500 ml mlijeka
- 120 g šećera
- 50 g glatkog brašna
- 120 g žumanjaka (cca 6 jaja)
- 60 ml espressa
- 10 g instant kave

ČOKOLADNI CRAQUELIN:
- 80 g glatkog brašna
- 10 g kakaa u prahu
- 90 g šećera u prahu
- 75 g neslanog maslaca (kockice)

ČOKOLADNA GLAZURA:
- 500 g šećera u prahu za fondant
- 50 g tamne čokolade (otopljene)
- Voda

UKRASITI:
- Zrna kave
- Kakao zrnca

UPUTE:
CHOUX PECIVO:
a) Zagrijte pećnicu na 200°C (ventilatorska 180°C), a pleh obložite papirom za pečenje.
b) Pripremite choux tijesto prema svom omiljenom receptu ili upotrijebite kupovno tijesto ako želite.
c) Istresite choux tijesto u oblike éclair na pripremljeni pladanj. Pecite dok ne porumene i ne napuhnu. Ostaviti da se ohladi.

POSLASTIČAR OD KAVE:
d) U loncu pomiješajte mlijeko, šećer, ekstrakt vanilije, glatko brašno i instant kavu. Umutite dok ne postane glatko.
e) Smjesu zagrijavajte na srednjoj vatri uz stalno miješanje dok se ne zgusne.

f) U posebnoj posudi istucite žumanjke. U žumanjke postupno dodavajte žlicu vrućeg mlijeka uz neprestano miješanje.
g) Ulijte smjesu žumanjaka natrag u lonac i nastavite kuhati dok krema ne postane gusta.
h) Maknite s vatre i umiješajte espresso. Neka se ohladi.

ČOKOLADNI CRAQUELIN:
i) U zdjeli pomiješajte glatko brašno, kakao prah, šećer u prahu i kockice neslanog maslaca dok ne dobijete tijesto.
j) Razvaljajte tijesto između dva lista papira za pečenje na željenu debljinu.
k) Ohladite tijesto u hladnjaku dok se ne stegne. Kad se stegne, izrežite krugove da ih stavite na vrh éclairs.

ČOKOLADNA GLAZURA:
l) Tamnu čokoladu otopiti i ostaviti da se malo ohladi.
m) U zdjeli pomiješajte šećer u prahu za fondant i otopljenu čokoladu. Vodu dodajte postupno dok ne postignete glatku, sipku konzistenciju.

SKUPŠTINA:
n) Ohlađene eklere vodoravno prerežite na pola.
o) Napunite vrećicu s kavom za creme patissiere i nalijte je na donju polovicu svakog éclaira.
p) Stavite čokoladni craquelin na vrh creme patissiere.
q) Umočite vrh svakog éclaira u čokoladnu glazuru, dopustite da višak iscuri.
r) Ostavite čokoladnu glazuru da se stegne.
s) Ukrasite zrncima kave i kakaovcima.

80. Espresso zrna Crunch Éclairs

SASTOJCI:
ZA CHOUX PECIVO:
- 1 šalica vode
- 1/2 šalice neslanog maslaca
- 1 šalica višenamjenskog brašna
- 4 velika jaja

ZA NADJEV:
- 2 šalice slastičarske kreme s okusom kave

ZA ESPRESSO CRUNCH PRELJEV:
- 1/2 šalice espresso zrna prelivenih čokoladom, sitno nasjeckanih

ZA GLAZURU OD KAVE:
- 1/2 šalice tamne čokolade, nasjeckane
- 1/4 šalice neslanog maslaca
- 1 šalica šećera u prahu
- 1-2 žlice kuhane jake kave ili espressa

UPUTE:
CHOUX PECIVO:
a) Zagrijte pećnicu na 375°F (190°C) i obložite lim za pečenje papirom za pečenje.
b) U loncu pomiješajte vodu i maslac. Zagrijte na srednjoj vatri dok se maslac ne rastopi i smjesa ne zavrije.
c) Maknite s vatre, dodajte brašno i snažno miješajte dok smjesa ne postane kugla.
d) Pustite da se tijesto ohladi nekoliko minuta, a zatim dodajte jedno po jedno jaje, dobro umutite nakon svakog dodavanja.
e) Premjestite tijesto u vrećicu za pečenje i izlijte éclairs na pripremljeni lim za pečenje.
f) Pecite oko 30 minuta ili dok ne porumene. Ostaviti da se ohladi.

PUNJENJE:
g) Pripremite slastičarsku kremu s okusom kave. Klasičnom receptu za slastičarsku kremu dodajte kavu ili espresso ili upotrijebite prethodno pripremljenu slastičarsku kremu s okusom kave.
h) Punite éclairs slastičarskom kremom s okusom kave pomoću vrećice za pečenje ili male žličice.

i) Preljev za espresso grah:
j) Zrna espressa prelivena čokoladom sitno nasjeckajte.
k) Pospite nasjeckana zrna espresso kave obilno po punjenim éclairima, osiguravajući ravnomjerno prekrivanje.

GLAZURA OD KAVE:
l) U zdjeli otpornoj na toplinu otopite tamnu čokoladu i maslac na pari.
m) Maknite s vatre, dodajte šećer u prahu i postupno umiješajte skuhanu jaku kavu ili espresso dok smjesa ne postane glatka.
n) Umočite vrh svakog éclaira u glazuru od kave, osiguravajući ravnomjerno prekrivanje. Pustite da višak kapne.
o) Glazirane eklere stavite na pladanj i ostavite da se ohlade dok se čokolada ne stegne.
p) Poslužite ohlađeno i uživajte u prekrasnoj kombinaciji okusa kave i hrskavog preljeva od espresso zrna u Espresso Bean Crunch Éclairs!

81. Eclairs od irske kave

SASTOJCI:
ZA CHOUX PECIVO:
- 1 šalica vode
- 1/2 šalice neslanog maslaca
- 1 šalica višenamjenskog brašna
- 4 velika jaja

ZA NADJEV:
- 2 šalice slastičarske kreme s okusom irske kave
- (Kombinirajte kavu, irsko vrhnje i dašak viskija u klasičnom receptu za slastičarsku kremu ili upotrijebite prethodno pripremljenu slastičarsku kremu s okusom irske kave.)

ZA GLAZURU OD IRSKE KAVE:
- 1/2 šalice bijele čokolade, nasjeckane
- 1/4 šalice neslanog maslaca
- 1 šalica šećera u prahu
- 1-2 žlice irske kreme

UPUTE:
CHOUX PECIVO:
a) Zagrijte pećnicu na 375°F (190°C) i obložite lim za pečenje papirom za pečenje.
b) U loncu pomiješajte vodu i maslac. Zagrijte na srednjoj vatri dok se maslac ne rastopi i smjesa ne zavrije.
c) Maknite s vatre, dodajte brašno i snažno miješajte dok smjesa ne postane kugla.
d) Pustite da se tijesto ohladi nekoliko minuta, a zatim dodajte jedno po jedno jaje, dobro umutite nakon svakog dodavanja.
e) Premjestite tijesto u vrećicu za pečenje i izlijte éclairs na pripremljeni lim za pečenje.
f) Pecite oko 30 minuta ili dok ne porumene. Ostaviti da se ohladi.

PUNJENJE:
g) Pripremite slastičarsku kremu s okusom irske kave. Kombinirajte kavu, irsko vrhnje i dašak viskija u klasičnom receptu za slastičarsku kremu ili upotrijebite već pripremljenu slastičarsku kremu s okusom irske kave.
h) Napunite éclairs slastičarskom kremom s okusom irske kave pomoću vrećice za pečenje ili male žličice.

GLAZURA OD IRSKE KAVE:
i) U zdjeli otpornoj na toplinu otopite čokoladu i maslac na pari.
j) Maknite s vatre, dodajte šećer u prahu i postupno umiješajte Irish Cream dok smjesa ne postane glatka.
k) Umočite vrh svakog éclaira u glazuru od irske kave, osiguravajući ravnomjerno prekrivanje. Pustite da višak kapne.
l) Glazirane eklere stavite na pladanj i ostavite da se ohlade dok se čokolada ne stegne.
m) Poslužite ohlađenu i uživajte u bogatom i ugodnom okusu Irish Coffee Éclairs!

82. Vanilla Latte Éclairs

SASTOJCI:
ZA CHOUX PECIVO:
- 1 šalica vode
- 1/2 šalice neslanog maslaca
- 1 šalica višenamjenskog brašna
- 4 velika jaja

ZA NADJEV:
- 2 šalice slastičarske kreme s okusom latte vanilije
- (Kombinirajte ekstrakt vanilije i jaku kuhanu kavu ili espresso u klasičnom receptu za slastičarsku kremu ili upotrijebite prethodno pripremljenu slastičarsku kremu s okusom latte od vanilije.)

ZA GLAZURU OD KAVE:
- 1/2 šalice tamne čokolade, nasjeckane
- 1/4 šalice neslanog maslaca
- 1 šalica šećera u prahu
- 1-2 žlice kuhane jake kave ili espressa

UPUTE:
CHOUX PECIVO:
a) Zagrijte pećnicu na 375°F (190°C) i obložite lim za pečenje papirom za pečenje.
b) U loncu pomiješajte vodu i maslac. Zagrijte na srednjoj vatri dok se maslac ne rastopi i smjesa ne zavrije.
c) Maknite s vatre, dodajte brašno i snažno miješajte dok smjesa ne postane kugla.
d) Pustite da se tijesto ohladi nekoliko minuta, a zatim dodajte jedno po jedno jaje, dobro umutite nakon svakog dodavanja.
e) Premjestite tijesto u vrećicu za pečenje i izlijte éclairs na pripremljeni lim za pečenje.
f) Pecite oko 30 minuta ili dok ne porumene. Ostaviti da se ohladi.

PUNJENJE:
g) Pripremite kremu za tijesto s okusom latte vanilije. Kombinirajte ekstrakt vanilije i jaku kuhanu kavu ili espresso u klasičnom receptu za slastičarsku kremu ili upotrijebite prethodno pripremljenu slastičarsku kremu s okusom latte vanilije.

h) Punite éclairs slastičarskom kremom s okusom vanilije latte pomoću vrećice za pečenje ili male žličice.

GLAZURA OD KAVE:

i) U zdjeli otpornoj na toplinu otopite tamnu čokoladu i maslac na pari.
j) Maknite s vatre, dodajte šećer u prahu i postupno umiješajte skuhanu jaku kavu ili espresso dok smjesa ne postane glatka.
k) Umočite vrh svakog éclaira u glazuru od kave, osiguravajući ravnomjerno prekrivanje. Pustite da višak kapne.
l) Glazirane eklere stavite na pladanj i ostavite da se ohlade dok se čokolada ne stegne.
m) Poslužite ohlađeno i uživajte u skladnom spoju okusa vanilije i kave u Vanilla Latte Éclair!

83. Caramel Macchiato Éclairs

SASTOJCI:
ZA CHOUX PECIVO:
- 1 šalica vode
- 1/2 šalice neslanog maslaca
- 1 šalica višenamjenskog brašna
- 4 velika jaja

ZA NADJEV:
- 2 šalice slastičarske kreme s okusom karamele macchiato
- (Kombinirajte karamel umak i jaku skuhanu kavu ili espresso u klasičnom receptu za slastičarsku kremu ili upotrijebite prethodno pripremljenu slastičarsku kremu s okusom karamele macchiato.)

ZA KARAMEL GLAZURU:
- 1/2 šalice karamel umaka
- 1/4 šalice neslanog maslaca
- 1 šalica šećera u prahu
- 1-2 žlice kuhane jake kave ili espressa

UPUTE:
CHOUX PECIVO:
a) Zagrijte pećnicu na 375°F (190°C) i obložite lim za pečenje papirom za pečenje.
b) U loncu pomiješajte vodu i maslac. Zagrijte na srednjoj vatri dok se maslac ne rastopi i smjesa ne zavrije.
c) Maknite s vatre, dodajte brašno i snažno miješajte dok smjesa ne postane kugla.
d) Pustite da se tijesto ohladi nekoliko minuta, a zatim dodajte jedno po jedno jaje, dobro umutite nakon svakog dodavanja.
e) Premjestite tijesto u vrećicu za pečenje i izlijte éclairs na pripremljeni lim za pečenje.
f) Pecite oko 30 minuta ili dok ne porumene. Ostaviti da se ohladi.

PUNJENJE:
g) Pripremite slastičarsku kremu s okusom karamel macchiata. Kombinirajte karamel umak i jaku kuhanu kavu ili espresso u klasičnom receptu za slastičarsku kremu ili upotrijebite prethodno pripremljenu slastičarsku kremu s okusom karamele macchiato.

h) Punite éclairs slastičarskom kremom s okusom karamele macchiato pomoću vrećice za pečenje ili male žličice.

KARAMEL GLAZURA:

i) U loncu pomiješajte karamel umak i maslac. Zagrijte na srednjoj vatri dok smjesa ne postane glatka.
j) Maknite s vatre, dodajte šećer u prahu i postupno umiješajte skuhanu jaku kavu ili espresso dok smjesa ne postane glatka.
k) Umočite vrh svakog éclaira u karamel glazuru, osiguravajući ravnomjerno prekrivanje. Pustite da višak kapne.
l) Glazirane eklere stavite na pladanj i ostavite da se ohlade dok se karamel ne stegne.

84. Eclairs s kavom od lješnjaka

SASTOJCI:
ZA CHOUX PECIVO:
- 1 šalica vode
- 1/2 šalice neslanog maslaca
- 1 šalica višenamjenskog brašna
- 4 velika jaja

ZA NADJEV:
- 2 šalice slastičarske kreme s okusom kave od lješnjaka
- (Kombinirajte ekstrakt lješnjaka i jaku kuhanu kavu ili espresso u klasičnom receptu za slastičarsku kremu ili upotrijebite prethodno pripremljenu slastičarsku kremu s okusom kave od lješnjaka.)

ZA GLAZURU OD KAVE OD LJEŠNJAKA:
- 1/2 šalice tamne čokolade, nasjeckane
- 1/4 šalice neslanog maslaca
- 1 šalica šećera u prahu
- 1-2 žlice kuhane jake kave od lješnjaka ili espressa

UPUTE:
CHOUX PECIVO:
a) Zagrijte pećnicu na 375°F (190°C) i obložite lim za pečenje papirom za pečenje.
b) U loncu pomiješajte vodu i maslac. Zagrijte na srednjoj vatri dok se maslac ne rastopi i smjesa ne zavrije.
c) Maknite s vatre, dodajte brašno i snažno miješajte dok smjesa ne postane kugla.
d) Pustite da se tijesto ohladi nekoliko minuta, a zatim dodajte jedno po jedno jaje, dobro umutite nakon svakog dodavanja.
e) Premjestite tijesto u vrećicu za pečenje i izlijte éclairs na pripremljeni lim za pečenje.
f) Pecite oko 30 minuta ili dok ne porumene. Ostaviti da se ohladi.

PUNJENJE:
g) Pripremite slastičarsku kremu s okusom kave od lješnjaka. Kombinirajte ekstrakt lješnjaka i jako kuhanu kavu od lješnjaka ili espresso u klasičnom receptu za slastičarsku kremu ili upotrijebite već pripremljenu slastičarsku kremu s okusom kave od lješnjaka.

h) Punite éclairs slastičarskom kremom s okusom kave od lješnjaka pomoću vrećice za pečenje ili male žličice.

GLAZURA OD KAVE OD LJEŠNJAKA:

i) U zdjeli otpornoj na toplinu otopite tamnu čokoladu i maslac na pari.
j) Maknite s vatre, dodajte šećer u prahu i postupno umiješajte kuhanu jaku kavu od lješnjaka ili espresso dok ne postane glatko.
k) Umočite vrh svakog éclaira u glazuru od kave od lješnjaka, osiguravajući ravnomjerno prekrivanje. Pustite da višak kapne.
l) Glazirane eklere stavite na pladanj i ostavite da se ohlade dok se čokolada ne stegne.
m) Poslužite ohlađeno i uživajte u bogatoj kombinaciji okusa lješnjaka i kave u Hazelnut Coffee Éclairs!

EKLERI SA SIROM

85. Eclair od sira od borovnica

SASTOJCI:
ZA CHOUX PECIVO:
- 1 šalica vode
- 1/2 šalice neslanog maslaca
- 1 šalica višenamjenskog brašna
- 4 velika jaja

ZA NADJEV ZA CHEESECAKE:
- 2 šalice krem sira, omekšalog
- 1 šalica šećera u prahu
- 1 žličica ekstrakta vanilije
- 1 šalica kompota od borovnica (domaćeg ili kupovnog)

ZA GLAZURU OD BOROVNICA:
- 1 šalica svježih borovnica
- 1/4 šalice granuliranog šećera
- 1 žlica soka od limuna

UPUTE:
CHOUX PECIVO:
a) Zagrijte pećnicu na 375°F (190°C) i obložite lim za pečenje papirom za pečenje.
b) U loncu pomiješajte vodu i maslac. Zagrijte na srednjoj vatri dok se maslac ne rastopi i smjesa ne zavrije.
c) Maknite s vatre, dodajte brašno i snažno miješajte dok smjesa ne postane kugla.
d) Pustite da se tijesto ohladi nekoliko minuta, a zatim dodajte jedno po jedno jaje, dobro umutite nakon svakog dodavanja.
e) Prebacite tijesto u vrećicu za pečenje i izvucite oblike éclair na pripremljeni lim za pečenje.
f) Pecite oko 30 minuta ili dok ne porumene. Ostaviti da se ohladi.

NADJEV ZA CHEESECAKE:
g) U zdjeli za miješanje tucite omekšali krem sir dok ne postane glatko.
h) Dodajte šećer u prahu i ekstrakt vanilije i nastavite miksati dok se smjesa dobro ne sjedini.
i) Napunite vrećicu s nadjevom za tortu od sira.
j) Nakon što se éclairs ohlade, napravite mali rez na jednoj strani svakog éclaira i izvucite nadjev za tortu od sira u sredinu.

k) Kompot od borovnica žlicom prelijte preko nadjeva za tortu od sira.

GLAZURA OD BOROVNICA:

l) U loncu pomiješajte svježe borovnice, granulirani šećer i limunov sok.
m) Kuhajte na srednjoj vatri dok borovnice ne popucaju i smjesa se zgusne u glazuru.
n) Procijedite glazuru da uklonite sjemenke i kožicu.
o) Ostavite da se glazura od borovnica malo ohladi.
p) Napunjene eklere žlicom prelijte glazurom od borovnica.
q) Glazirane eklere stavite u hladnjak da se glazura stegne.
r) Poslužite ohlađeno i uživajte u ukusnoj kombinaciji borovnica i kolača od sira u Blueberry Cheesecake Éclairu!

86. Gouda glazirani ekleri

SASTOJCI:
- 1 šalica vode
- 1/2 šalice neslanog maslaca
- 1 šalica višenamjenskog brašna
- 4 velika jaja
- 1/2 žličice soli
- 1 šalica naribanog Gouda sira

ZA NADJEV:
- 2 šalice krem sira
- 1/2 šalice šećera u prahu
- 1 žličica ekstrakta vanilije

ZA GLAZURU:
- 1 šalica Gouda sira, nasjeckanog
- 1/2 šalice gustog vrhnja
- 1 šalica šećera u prahu
- 1 žličica ekstrakta vanilije

UPUTE:
ECLAIR PECIVO:
a) Zagrijte pećnicu na 400°F (200°C). Lim za pečenje obložite papirom za pečenje.
b) U srednjoj tavi pomiješajte vodu, maslac i sol. Zakuhajte na srednjoj vatri.
c) Dodajte sve brašno odjednom, snažno miješajući dok se smjesa ne oblikuje u kuglu. Maknite s vatre i ostavite da se ohladi par minuta.
d) Tucite jaja, jedno po jedno, dok tijesto ne postane glatko.
e) Umiješajte nasjeckani sir Gouda dok se dobro ne sjedini.
f) Prebacite tijesto u slastičarsku vrećicu opremljenu velikim okruglim vrhom. Nanesite trake od 4 inča na pripremljeni lim za pečenje.
g) Pecite 15-20 minuta ili dok ne porumene i ne napuhnu. Ostavite eklere da se potpuno ohlade.

PUNJENJE:
h) U zdjeli za miješanje pomiješajte krem sir, šećer u prahu i ekstrakt vanilije dok smjesa ne postane glatka.

i) Nakon što se ekleri ohlade, prerežite ih vodoravno na pola i u donje polovice ubacite nadjev od krem sira.

GLAZURA:

j) U malom loncu pomiješajte sir Gouda, vrhnje, šećer u prahu i ekstrakt vanilije na laganoj vatri.
k) Miješajte dok se sir ne otopi, a glazura postane glatka. Maknite s vatre.
l) Napunjene eklere prelijte glazurom.
m) Poslužite i uživajte!
n) Gouda glazirani ekleri spremni su za uživanje. Poslužite ih ohlađene i uživajte u prekrasnoj kombinaciji kremastog nadjeva i glazure od sira.

87. Raspberry Swirl Cheesecake Eclairs

SASTOJCI:

ZA CHOUX PECIVO:
- 1 šalica vode
- 1/2 šalice neslanog maslaca
- 1 šalica višenamjenskog brašna
- 4 velika jaja
- 1/2 žličice soli

ZA NADJEV ZA CHEESECAKE:
- 2 šalice krem sira, omekšalog
- 1/2 šalice granuliranog šećera
- 1 žličica ekstrakta vanilije

ZA MALININ SWIRL:
- 1 šalica svježih ili smrznutih malina
- 1/4 šalice granuliranog šećera
- 1 žlica vode

ZA GLAZURU:
- 1 šalica šećera u prahu
- 2 žlice mlijeka
- 1/2 žličice ekstrakta vanilije

UPUTE:

CHOUX PECIVO:
a) Zagrijte pećnicu na 400°F (200°C). Lim za pečenje obložite papirom za pečenje.
b) U srednje velikoj tavi zakuhajte vodu i maslac na srednjoj vatri.
c) Dodajte brašno i sol, neprestano miješajući dok se smjesa ne oblikuje u kuglu.
d) Maknite s vatre i ostavite da se ohladi par minuta.
e) Tucite jaja jedno po jedno dok tijesto ne postane glatko.
f) Prebacite tijesto u slastičarsku vrećicu opremljenu velikim okruglim vrhom. Nanesite trake od 4 inča na pripremljeni lim za pečenje.
g) Pecite 15-20 minuta ili dok ne porumene i ne napuhnu. Ostavite eklere da se potpuno ohlade.

NADJEV ZA CHEESECAKE:
h) U zdjeli za miješanje pomiješajte krem sir, šećer i ekstrakt vanilije dok smjesa ne postane glatka.

i) Nakon što se ekleri ohlade, vodoravno ih prerežite na pola i u donje polovice ubacite nadjev od kolača od sira.

MALINA VRTLOG:

j) U malom loncu pomiješajte maline, šećer i vodu. Kuhajte na srednjoj vatri dok se maline ne raspadnu i smjesa ne zgusne.

k) Procijedite smjesu malina kako biste uklonili sjemenke, ostavljajući glatki umak od malina.

SKUPŠTINA:

l) Žlicom prelijte umak od malina preko nadjeva za tortu od sira u svakom ekleru.

m) Ponovno stavite gornje polovice eklera.

GLAZURA:

n) U maloj zdjeli pomiješajte šećer u prahu, mlijeko i ekstrakt vanilije dok ne postane glatko.

o) Složene eklere prelijte glazurom.

p) Ohladite i poslužite:

q) Raspberry Swirl Cheesecake Eclairs ostavite u hladnjaku najmanje sat vremena prije posluživanja. Uživajte u prekrasnoj kombinaciji kremastog kolača od sira, kolača od maline i laganog choux tijesta!

88. Ekleri od čokoladnog mramornog kolača od sira

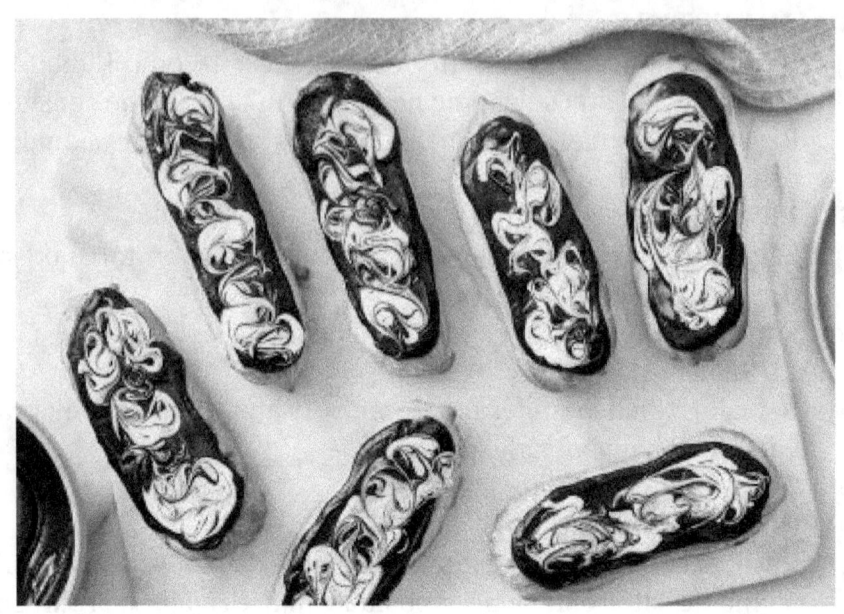

SASTOJCI:
ZA CHOUX PECIVO:
- 1 šalica vode
- 1/2 šalice neslanog maslaca
- 1 šalica višenamjenskog brašna
- 4 velika jaja
- 1/2 žličice soli

ZA NADJEV ZA CHEESECAKE:
- 2 šalice krem sira, omekšalog
- 1/2 šalice granuliranog šećera
- 1 žličica ekstrakta vanilije

ZA ČOKOLADNI MRAMORNI VRTLOG:
- 1/2 šalice poluslatkih komadića čokolade
- 2 žlice neslanog maslaca

ZA ČOKOLADNU GLAZURU:
- 1/2 šalice poluslatkih komadića čokolade
- 1/4 šalice gustog vrhnja
- 2 žlice šećera u prahu

UPUTE:
CHOUX PECIVO:
a) Zagrijte pećnicu na 400°F (200°C). Lim za pečenje obložite papirom za pečenje.
b) U srednje velikoj tavi zakuhajte vodu i maslac na srednjoj vatri.
c) Dodajte brašno i sol, neprestano miješajući dok se smjesa ne oblikuje u kuglu.
d) Maknite s vatre i ostavite da se ohladi par minuta.
e) Tucite jaja jedno po jedno dok tijesto ne postane glatko.
f) Prebacite tijesto u slastičarsku vrećicu opremljenu velikim okruglim vrhom. Nanesite trake od 4 inča na pripremljeni lim za pečenje.
g) Pecite 15-20 minuta ili dok ne porumene i ne napuhnu. Ostavite eklere da se potpuno ohlade.

NADJEV ZA CHEESECAKE:
h) U zdjeli za miješanje pomiješajte krem sir, šećer i ekstrakt vanilije dok smjesa ne postane glatka.

i) Nakon što se ekleri ohlade, vodoravno ih prerežite na pola i u donje polovice ubacite nadjev od kolača od sira.

ČOKOLADNI MRAMORNI VRTLOG:

j) Otopite komadiće čokolade i maslac u zdjeli otpornoj na toplinu iznad kipuće vode ili u mikrovalnoj pećnici.

k) Otopljenu čokoladnu smjesu prelijte preko nadjeva za tortu od sira u svakom ekleru. Koristite čačkalicu za stvaranje mramornog vrtložnog uzorka.

ČOKOLADNA GLAZURA:

l) U malom loncu zagrijte komadiće čokolade, vrhnje i šećer u prahu na laganoj vatri, miješajući dok smjesa ne postane glatka.

m) Složene eklere prelijte čokoladnom glazurom.

n) Ohladite i poslužite:

o) Eklere od čokoladnog mramornog kolača od sira stavite u hladnjak najmanje sat vremena prije posluživanja. Uživajte u ukusnoj kombinaciji kremastog kolača od sira, čokoladnog mramornog kolača i laganog choux tijesta!

89. Slani karamel kolač od sira Eclair

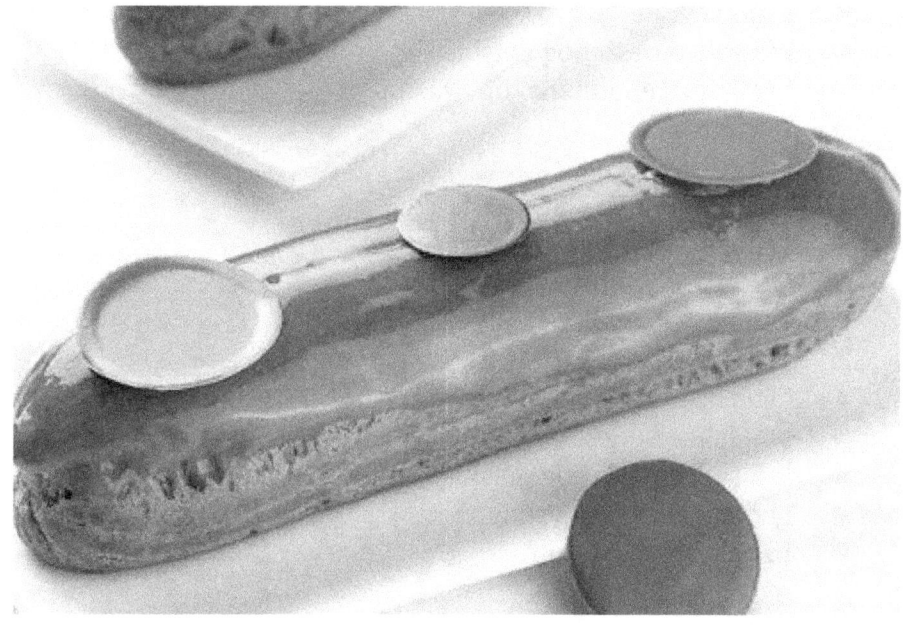

SASTOJCI:
ZA CHOUX PECIVO:
- 1 šalica vode
- 1/2 šalice neslanog maslaca
- 1 šalica višenamjenskog brašna
- 4 velika jaja
- 1/2 žličice soli

ZA NADJEV ZA CHEESECAKE:
- 2 šalice krem sira, omekšalog
- 1/2 šalice granuliranog šećera
- 1 žličica ekstrakta vanilije

ZA SLANI KARAMEL UMAK:
- 1 šalica granuliranog šećera
- 1/4 šalice vode
- 1/2 šalice neslanog maslaca
- 1/2 šalice gustog vrhnja
- 1 žličica morske soli

UPUTE:
CHOUX PECIVO:
a) Zagrijte pećnicu na 400°F (200°C). Lim za pečenje obložite papirom za pečenje.
b) U srednje velikoj tavi zakuhajte vodu i maslac na srednjoj vatri.
c) Dodajte brašno i sol, neprestano miješajući dok se smjesa ne oblikuje u kuglu.
d) Maknite s vatre i ostavite da se ohladi par minuta.
e) Tucite jaja jedno po jedno dok tijesto ne postane glatko.
f) Prebacite tijesto u slastičarsku vrećicu opremljenu velikim okruglim vrhom. Nanesite trake od 4 inča na pripremljeni lim za pečenje.
g) Pecite 15-20 minuta ili dok ne porumene i ne napuhnu. Ostavite eklere da se potpuno ohlade.

NADJEV ZA CHEESECAKE:
h) U zdjeli za miješanje pomiješajte krem sir, šećer i ekstrakt vanilije dok smjesa ne postane glatka.
i) Nakon što se ekleri ohlade, vodoravno ih prerežite na pola i u donje polovice ubacite nadjev od kolača od sira.

SLANI KARAMEL UMAK:
j) U loncu pomiješajte šećer i vodu na srednjoj vatri. Miješajte dok se šećer ne otopi.
k) Pustite smjesu da prokuha, povremeno vrteći dok ne dobije jantarnu boju.
l) Dodajte maslac i miješajte dok se ne rastopi. Polako ulijevajte čvrsto vrhnje uz neprestano miješanje.
m) Maknite s vatre i umiješajte morsku sol. Neka se karamel umak malo ohladi.

SKUPŠTINA:
n) Pokapajte slani karamel umak preko nadjeva za tortu od sira u svakom ekleru.
o) Ponovno stavite gornje polovice eklera.
p) Ohladite eklere od kolača od sira sa slanom karamelom najmanje sat vremena prije posluživanja. Uživajte u rajskoj kombinaciji kremastog kolača od sira, bogate slane karamele i laganog choux tijesta!

90.Praline od pistacija Cheesecake Eclairs

SASTOJCI:
ZA CHOUX PECIVO:
- 1 šalica vode
- 1/2 šalice neslanog maslaca
- 1 šalica višenamjenskog brašna
- 4 velika jaja
- 1/2 žličice soli

ZA NADJEV ZA CHEESECAKE:
- 2 šalice krem sira, omekšalog
- 1/2 šalice granuliranog šećera
- 1 žličica ekstrakta vanilije

ZA PRALINE OD PISTACIJA:
- 1/2 šalice oljuštenih pistacija, sitno nasjeckanih
- 1/2 šalice granuliranog šećera
- 2 žlice vode

ZA GLAZURU:
- 1/2 šalice šećera u prahu
- 2 žlice mlijeka
- 1/4 šalice nasjeckanih pistacija (za ukras)

UPUTE:
CHOUX PECIVO:
a) Zagrijte pećnicu na 400°F (200°C). Lim za pečenje obložite papirom za pečenje.
b) U srednje velikoj tavi zakuhajte vodu i maslac na srednjoj vatri.
c) Dodajte brašno i sol, neprestano miješajući dok se smjesa ne oblikuje u kuglu.
d) Maknite s vatre i ostavite da se ohladi par minuta.
e) Tucite jaja jedno po jedno dok tijesto ne postane glatko.
f) Prebacite tijesto u slastičarsku vrećicu opremljenu velikim okruglim vrhom. Nanesite trake od 4 inča na pripremljeni lim za pečenje.
g) Pecite 15-20 minuta ili dok ne porumene i ne napuhnu. Ostavite eklere da se potpuno ohlade.

NADJEV ZA CHEESECAKE:
h) U zdjeli za miješanje pomiješajte krem sir, šećer i ekstrakt vanilije dok smjesa ne postane glatka.

i) Nakon što se ekleri ohlade, vodoravno ih prerežite na pola i u donje polovice ubacite nadjev od kolača od sira.

PRALINE OD PISTACIJA:

j) U loncu pomiješajte šećer i vodu na srednjoj vatri. Miješajte dok se šećer ne otopi.
k) Ostavite smjesu da prokuha, povremeno vrteći dok ne postane zlatno smeđa.
l) Umiješajte sitno nasjeckane pistacije, pa praline od pistacija odmah izlijte na papirom obloženu površinu da se ohlade i stvrdnu.
m) Nakon što se ohlade, praline izlomite na male komadiće.

SKUPŠTINA:

n) Pospite komadiće pralina od pistacija preko nadjeva za tortu od sira u svakom ekleru.
o) Ponovno stavite gornje polovice eklera.

GLAZURA:

p) U maloj posudi izmiješajte šećer u prahu i mlijeko dok ne postane glatko.
q) Složene eklere prelijte glazurom.

UKRASITI:

r) Po vrhu pospite nasjeckane pistacije za dodatnu hrskavost pistacija.
s) Ohladite eklere od sira s pralinama od pistacija najmanje sat vremena prije posluživanja. Uživajte u prekrasnoj kombinaciji kremastog kolača od sira, pralina od pistacija i laganog choux tijesta!

91. Ekleri za tortu od sira s kokosovom kremom

SASTOJCI:
ZA CHOUX PECIVO:
- 1 šalica vode
- 1/2 šalice neslanog maslaca
- 1 šalica višenamjenskog brašna
- 4 velika jaja
- 1/2 žličice soli

ZA NADJEV ZA CHEESECAKE:
- 2 šalice krem sira, omekšalog
- 1/2 šalice granuliranog šećera
- 1 žličica ekstrakta vanilije

ZA NADJEV OD KOKOS KREMA:
- 1 šalica kokosovog vrhnja
- 1/4 šalice šećera u prahu
- 1/2 žličice ekstrakta kokosa

ZA KOKOS PRELJEV:
- 1 šalica naribanog kokosa, tostiranog

UPUTE:
CHOUX PECIVO:
a) Zagrijte pećnicu na 400°F (200°C). Lim za pečenje obložite papirom za pečenje.
b) U srednje velikoj tavi zakuhajte vodu i maslac na srednjoj vatri.
c) Dodajte brašno i sol, neprestano miješajući dok se smjesa ne oblikuje u kuglu.
d) Maknite s vatre i ostavite da se ohladi par minuta.
e) Tucite jaja jedno po jedno dok tijesto ne postane glatko.
f) Prebacite tijesto u slastičarsku vrećicu opremljenu velikim okruglim vrhom. Nanesite trake od 4 inča na pripremljeni lim za pečenje.
g) Pecite 15-20 minuta ili dok ne porumene i ne napuhnu. Ostavite eklere da se potpuno ohlade.

NADJEV ZA CHEESECAKE:
h) U zdjeli za miješanje pomiješajte krem sir, šećer i ekstrakt vanilije dok smjesa ne postane glatka.
i) Nakon što se ekleri ohlade, vodoravno ih prerežite na pola i u donje polovice ubacite nadjev od kolača od sira.

KOKOS KREMA NADJEV:
j) U posebnoj posudi umutite kokosovo vrhnje, šećer u prahu i ekstrakt kokosa dok ne dobijete meke vrhove.
k) Lagano umiješajte smjesu kokosove kreme u nadjev za tortu od sira.

SKUPŠTINA:
l) Na donje polovice eklera nanesite nadjev od sira prožet kokosom ili žlicom.
m) Ponovno stavite gornje polovice eklera.

PRELJEV OD KOKOSA:
n) Tostirajte naribani kokos u suhoj tavi na srednjoj vatri dok ne porumeni.
o) Pospite prženi naribani kokos preko punjenih eklera za divan kokosov hrskav okus.
p) Ohladite eklere od sira s kokosovom kremom najmanje sat vremena prije posluživanja. Uživajte u tropskim okusima kokosa u kombinaciji s kremastim kolačem od sira i laganim choux tijestom!

92. Ekleri od sira od jagoda

SASTOJCI:
ZA CHOUX PECIVO:
- 1 šalica vode
- 1/2 šalice neslanog maslaca
- 1 šalica višenamjenskog brašna
- 4 velika jaja
- 1/2 žličice soli

ZA NADJEV ZA CHEESECAKE:
- 2 šalice krem sira, omekšalog
- 1/2 šalice granuliranog šećera
- 1 žličica ekstrakta vanilije

ZA NADJEV OD JAGODA:
- 1 šalica svježih jagoda, oljuštenih i nasjeckanih
- 2 žlice granuliranog šećera

ZA GLAZURU OD JAGODA:
- 1 šalica svježih jagoda, oljuštenih i pasiranih
- 1/4 šalice šećera u prahu

UPUTE:
CHOUX PECIVO:
a) Zagrijte pećnicu na 400°F (200°C). Lim za pečenje obložite papirom za pečenje.
b) U srednje velikoj tavi zakuhajte vodu i maslac na srednjoj vatri.
c) Dodajte brašno i sol, neprestano miješajući dok se smjesa ne oblikuje u kuglu.
d) Maknite s vatre i ostavite da se ohladi par minuta.
e) Tucite jaja jedno po jedno dok tijesto ne postane glatko.
f) Prebacite tijesto u slastičarsku vrećicu opremljenu velikim okruglim vrhom. Nanesite trake od 4 inča na pripremljeni lim za pečenje.
g) Pecite 15-20 minuta ili dok ne porumene i ne napuhnu. Ostavite eklere da se potpuno ohlade.

NADJEV ZA CHEESECAKE:
h) U zdjeli za miješanje pomiješajte krem sir, šećer i ekstrakt vanilije dok smjesa ne postane glatka.
i) Nakon što se ekleri ohlade, vodoravno ih prerežite na pola i u donje polovice ubacite nadjev od kolača od sira.

NADJEV OD JAGODA:
j) U posebnoj zdjeli pomiješajte nasjeckane jagode i granulirani šećer.
k) Pustite ih da se maceriraju oko 15 minuta.

SKUPŠTINA:
l) Žlicom nanesite maceriranu smjesu jagoda na nadjev za tortu od sira u svakom ekleru.
m) Ponovno stavite gornje polovice eklera.

GLAZURA OD JAGODA:
n) Svježe jagode izgnječite u pire i pomiješajte sa šećerom u prahu da dobijete glatku glazuru.
o) Složene eklere prelijte glazurom od jagoda.
p) Ohladite eklere od sira od jagoda najmanje sat vremena prije posluživanja. Uživajte u raskošnoj kombinaciji kremastog kolača od sira, slatkih jagoda i laganog choux tijesta!

93. Ekleri od sira od limuna

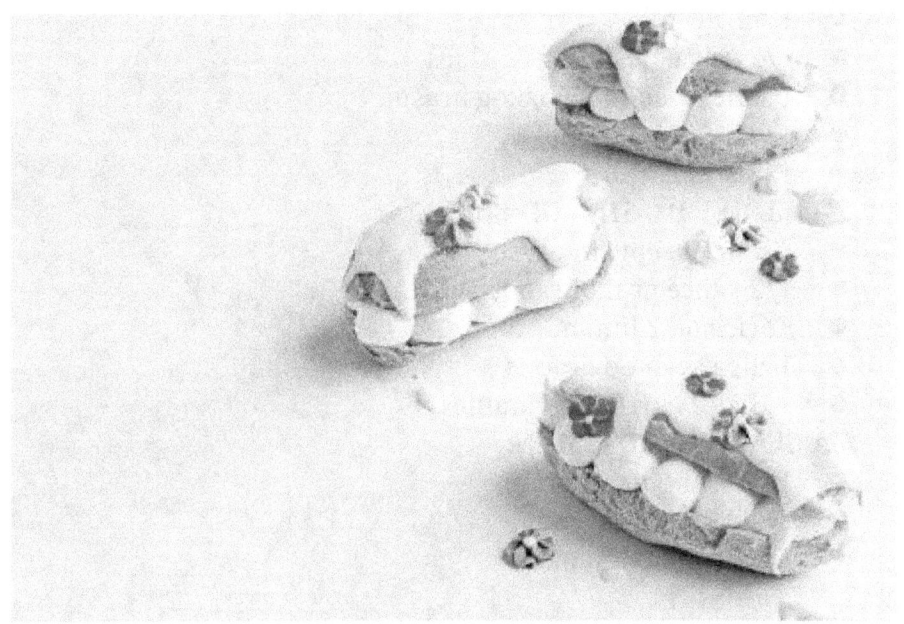

SASTOJCI:

ZA CHOUX PECIVO:
- 1 šalica vode
- 1/2 šalice neslanog maslaca
- 1 šalica višenamjenskog brašna
- 4 velika jaja
- 1/2 žličice soli

ZA NADJEV OD SIRA OD LIMUN:
- 2 šalice krem sira, omekšalog
- 1/2 šalice granuliranog šećera
- Korica od 2 limuna
- 1 žlica soka od limuna
- 1 žličica ekstrakta vanilije

ZA GLAZURU OD LIMUN:
- 1 šalica šećera u prahu
- 2 žlice soka od limuna
- Korica od 1 limuna

UPUTE:

CHOUX PECIVO:
a) Zagrijte pećnicu na 400°F (200°C). Lim za pečenje obložite papirom za pečenje.
b) U srednje velikoj tavi zakuhajte vodu i maslac na srednjoj vatri.
c) Dodajte brašno i sol, neprestano miješajući dok se smjesa ne oblikuje u kuglu.
d) Maknite s vatre i ostavite da se ohladi par minuta.
e) Tucite jaja jedno po jedno dok tijesto ne postane glatko.
f) Prebacite tijesto u slastičarsku vrećicu opremljenu velikim okruglim vrhom. Nanesite trake od 4 inča na pripremljeni lim za pečenje.
g) Pecite 15-20 minuta ili dok ne porumene i ne napuhnu. Ostavite eklere da se potpuno ohlade.

NADJEV ZA CHEESECAKE OD LIMUN:
h) U zdjeli za miješanje pomiješajte krem sir, šećer, limunovu koricu, limunov sok i ekstrakt vanilije dok ne dobijete glatku smjesu.

i) Nakon što se ekleri ohlade, prerežite ih vodoravno na pola i u donje polovice ubacite nadjev od sira od limuna.

GLAZURA OD LIMUNA:

j) U maloj zdjeli pomiješajte šećer u prahu, limunov sok i limunovu koricu dok ne postane glatko.
k) Složene eklere prelijte glazurom od limuna.
l) Ohladite eklere od limunovog kolača od sira najmanje sat vremena prije posluživanja. Uživajte u osvježavajućoj kombinaciji kremastog kolača od limuna i laganog choux tijesta!

RECEPTI NADAHNUTI ECLAIROM

94. Ekleri od banane kroasani

SASTOJCI:
- 4 smrznuta kroasana
- 2 kvadrata poluslatke čokolade
- 1 žlica maslaca
- ¼ šalice prosijanog slastičarskog šećera
- 1 žličica vruće vode; do 2
- 1 šalica pudinga od vanilije
- 2 srednje banane; narezan na kriške

UPUTE:

a) Smrznute kroasane prepolovite po dužini; otići zajedno. Zagrijte smrznute kroasane na nepodmazanom limu za pečenje u prethodno zagrijanoj 325°F. peći 9-11 minuta.

b) Zajedno otopite čokoladu i maslac. Umiješajte šećer i vodu da dobijete glazuru za mazanje.

c) Na donju polovicu svake kroasana namažite ¼ šalice pudinga. Po vrhu stavite narezane banane.

d) Zamijenite vrhove kroasana; prelijte čokoladnom glazurom.

e) Poslužiti.

95. Prstenasta torta s kremom i éclairs

SASTOJCI:
- 1 šalica mlake vode
- 4 žlice (½ štapića) neslanog maslaca, narezanog na komadiće
- 1 šalica nebijeljenog višenamjenskog brašna ili brašna bez glutena
- 4 velika jaja, sobne temperature
- Slana smrznuta krema od vanilije ili smrznuta slana krema od kozjeg mlijeka i čokolade
- Čokoladna glazura (upotrijebite 4 žlice punomasnog mlijeka)

UPUTE:
a) Zagrijte pećnicu na 400°F.
b) Pomiješajte vodu i maslac u srednje teškoj tavi i zakuhajte, miješajući da se maslac otopi. Ulijte svo brašno i miješajte dok se smjesa ne oblikuje u kuglu.
c) Maknite s vatre i umiješajte jedno po jedno jaje električnom miješalicom.

ZA KREMŠNICE
d) Žlicom izložite šest pojedinačnih brda od 4 inča tijesta na nepodmazan lim za kolačiće (za manje oblačiće, napravite dvanaest humaka od 2 inča). Pecite dok ne porumene, oko 45 minuta. Izvadite iz pećnice i ostavite da se ohladi.

ZA EKLERE
e) Namjestite slastičarsku vrećicu s običnim vrhom od ¼ inča, a zatim zalijepite šest do dvanaest traka od 4 inča na nepodmazan lim za kekse. Pecite dok ne porumene, oko 45 minuta. Izvadite iz pećnice i ostavite da se ohladi.

ZA PRSTEN TORTU
f) Ubacite jednake žlice tijesta na nepodmazan lim za kolačiće kako biste napravili oval od 12 inča. Pecite dok ne porumene, 45 do 50 minuta. Izvadite iz pećnice i ostavite da se ohladi.

ZA SASTAVLJANJE
g) Pripremite glazuru. Prerežite kremšnite, éclairs ili prstenastu tortu na pola. Napunite sladoledom i vratite vrh(ove).
h) Za kremšnite, umočite gornji dio svakog lisnatog u čokoladu. Za éclairs ih velikodušno žlicom prelijte glazurom. Za prstenastu tortu u glazuru umiješajte dodatnih 5 žlica mlijeka; pokapajte ga preko torte s prstenom.
i) Za posluživanje slažite kolače ili kriške torte na tanjure.

96. Čokoladni badem Croissant Éclairs

SASTOJCI:
ZA PÂTE À CHOUX:
- 1/2 šalice vode
- 1/2 šalice punomasnog mlijeka
- 1/2 šalice neslanog maslaca, narezanog na kockice
- 1/2 žličice soli
- 1 žličica šećera
- 1 šalica višenamjenskog brašna
- 4 velika jaja, sobne temperature

ZA ČOKOLADNI NADJEV OD BADEMA:
- 1 šalica gustog vrhnja
- 1 šalica poluslatkih komadića čokolade
- 1/2 šalice maslaca od badema

ZA ČOKOLADNU GLAZURU:
- 1/2 šalice poluslatkih komadića čokolade
- 2 žlice neslanog maslaca
- 1 žlica kukuruznog sirupa

UPUTE
a) Zagrijte pećnicu na 375°F. Lim za pečenje obložite papirom za pečenje.
b) U srednje velikoj tavi pomiješajte vodu, mlijeko, maslac, sol i šećer. Zagrijte na srednjoj vatri dok se maslac ne otopi i smjesa ne zakuha.
c) Dodajte sve brašno odjednom i snažno miješajte drvenom kuhačom dok se smjesa ne oblikuje u kuglu i odvoji od stijenki posude.
d) Maknite posudu s vatre i ostavite da se ohladi 5 minuta.
e) Dodajte jaja jedno po jedno, dobro tučeći nakon svakog dodavanja, dok smjesa ne postane glatka i sjajna.
f) Stavite slastičarsku vrećicu s velikim okruglim vrhom i napunite juhom.
g) Izvucite tijesto na pripremljeni lim za pečenje, oblikujući 6 inča dugačke éclairs.
h) Pecite 25-30 minuta, ili dok ne porumeni i ne napuhne.
i) Izvadite iz pećnice i ostavite da se potpuno ohladi.
j) U srednje jakoj posudi zagrijte vrhnje dok ne zavrije.

k) Maknite s vatre i dodajte komadiće čokolade i maslac od badema. Miješajte dok se čokolada ne otopi i smjesa postane glatka.
l) Izrežite mali prorez na dnu svakog éclaira i iscijedite nadjev u sredinu.
m) U malom loncu otopite komadiće čokolade, maslac i kukuruzni sirup na laganoj vatri, neprestano miješajući, dok smjesa ne postane glatka.
n) Umočite vrh svakog éclaira u čokoladnu glazuru i stavite na rešetku da se stegne.
o) Po želji: pospite narezanim bademima.

97. Čokoladne éclair pločice

SASTOJCI:

ZA EKLERE:
- 15 do 20 veganskih Graham krekera, podijeljeno
- 3½ šalice bademovog mlijeka ili drugog biljnog mlijeka
- 2 (3,4 unce) pakiranja instant veganske mješavine pudinga od vanilije
- 3 šalice šlaga od kokosa ili kupljenog u trgovini

ZA PRELJEV:
- ¼ šalice komadića čokolade bez mliječnih proizvoda
- 2 žlice veganskog maslaca, sobne temperature
- 1½ šalice šećera u prahu
- 3 žlice bademovog mlijeka ili drugog biljnog mlijeka
- 1 žličica svijetlog kukuruznog sirupa
- 1 žličica ekstrakta vanilije

UPUTE:

NAPRAVITE EKLERE:

a) U tepsiju veličine 9 x 13 inča rasporedite polovicu krekera, prelomite ih na pola ako je potrebno da stanu.

b) U velikoj zdjeli pomiješajte mlijeko i smjesu za instant puding. Mutiti 2 minute. Pustite da odstoji 2 do 3 minute. Nježno umiješajte šlag, pazeći da se ne ispuha, i ravnomjerno rasporedite po sloju krekera. Prelijte preostalim krekerima i ohladite.

NAPRAVITE PRELJEV:

c) U staklenoj zdjeli otpornoj na toplinu postavljenoj iznad lonca napunjenog 2 do 3 inča kipuće vode, zagrijte komadiće čokolade i maslac, često miješajući, dok se ne otope.

d) Umiješajte šećer, mlijeko, kukuruzni sirup i vaniliju.

e) Premažite preko sloja krekera, poklopite i ostavite u hladnjaku najmanje 8 sati.

f) Kad ste spremni za posluživanje, izrežite na kvadrate.

98. Čokoladna ekler torta

SASTOJCI:
- 1 kutija ili cijeli graham krekeri
- 2 male kutije francuski instant puding od vanilije
- 3 šalice mlijeka
- 18 oz. spremnik Cool Whip
- 1 limenka glazure od mliječne čokolade

UPUTE:
MJEŠAVINA:
a) Pomiješajte puding, mlijeko i Cool Whip. Miješati dok se ne zgusne.

SLOJEVI:
b) Na dnu posude 9x13 napravite sloj graham krekera.
c) Polovicu smjese za puding izliti na krekere.
d) Stavite još jedan sloj graham krekera na vrh smjese.
e) Preostalu polovicu smjese izlijte na graham krekere.
f) Dodajte posljednji sloj graham krekera na vrh smjese.

GLAZURA:
g) Premažite cijelu površinu glazurom od mliječne čokolade.

VELIKO HLADNJE:
h) Ohladite preko noći da se okusi stope i desert stegne.
i) Uživati!

99. Pistachio Rose Éclair torta

SASTOJCI:
ZA CHOUX PECIVO:
- 1 šalica vode
- 1/2 šalice neslanog maslaca
- 1 šalica višenamjenskog brašna
- 4 velika jaja

ZA NADJEV:
- 2 šalice slastičarske kreme s okusom pistacija i ruže

ZA GLAZURU:
- 1/2 šalice bijele čokolade, nasjeckane
- 1/4 šalice neslanog maslaca
- Nekoliko kapi ružine vodice ili ekstrakta ruže
- Mljeveni pistacije (za ukras)

UPUTE:
CHOUX PECIVO:
a) Zagrijte pećnicu na 375°F (190°C) i obložite lim za pečenje papirom za pečenje.
b) U loncu pomiješajte vodu i maslac. Zagrijte na srednjoj vatri dok se maslac ne rastopi i smjesa ne zavrije.
c) Maknite s vatre, dodajte brašno i snažno miješajte dok smjesa ne postane kugla.
d) Pustite da se tijesto ohladi nekoliko minuta, a zatim dodajte jedno po jedno jaje, dobro umutite nakon svakog dodavanja.
e) Prebacite tijesto u vrećicu za pečenje i izvucite oblike éclair na pripremljeni lim za pečenje.
f) Pecite oko 30 minuta ili dok ne porumene. Ostaviti da se ohladi.

PUNJENJE:
g) Pripremite slastičarsku kremu s okusom ruže od pistacija. Kombinirajte mljevene pistacije i dašak ružine vodice ili ekstrakta ruže u klasičnom receptu za slastičarsku kremu ili upotrijebite prethodno pripremljenu slastičarsku kremu s okusom ruže od pistacija.
h) Punite éclairs slastičarskom kremom s okusom ruže od pistacija pomoću vrećice za pečenje ili male žličice.

GLAZURA:

i) U zdjeli otpornoj na toplinu otopite bijelu čokoladu i maslac na pari.
j) Maknite s vatre, dodajte nekoliko kapi ružine vodice ili ekstrakta ruže i miješajte dok smjesa ne postane glatka.
k) Umočite vrh svakog éclaira u glazuru od bijele čokolade, osiguravajući ravnomjerno prekrivanje. Pustite da višak kapne.
l) Pospite mljevene pistacije preko glaziranih éclairs za ukras.
m) Glazirane eklere stavite u hladnjak da se glazura stegne.
n) Poslužite ohlađeno i uživajte u jedinstvenoj kombinaciji okusa pistacija i ruže u Pistachio Rose Éclair torti!

100. Maple Bacon Éclair Bites

SASTOJCI:
ZA CHOUX PECIVO:
- 1 šalica vode
- 1/2 šalice neslanog maslaca
- 1 šalica višenamjenskog brašna
- 4 velika jaja

ZA NADJEV:
- 2 šalice slastičarske kreme s okusom javora
- (Kombinirajte javorov sirup ili ekstrakt javora u klasičnom receptu za slastičarsku kremu ili upotrijebite prethodno pripremljenu slastičarsku kremu s okusom javora.)

ZA PRELJEV SA SLANINOM:
- 1/2 šalice kuhane i izmrvljene slanine

ZA GLAZURU OD JAVORA:
- 1/2 šalice javorovog sirupa
- 1/4 šalice neslanog maslaca
- 1 šalica šećera u prahu

UPUTE:
CHOUX PECIVO:
a) Zagrijte pećnicu na 375°F (190°C) i obložite lim za pečenje papirom za pečenje.
b) U loncu pomiješajte vodu i maslac. Zagrijte na srednjoj vatri dok se maslac ne rastopi i smjesa ne zavrije.
c) Maknite s vatre, dodajte brašno i snažno miješajte dok smjesa ne postane kugla.
d) Pustite da se tijesto ohladi nekoliko minuta, a zatim dodajte jedno po jedno jaje, dobro umutite nakon svakog dodavanja.
e) Premjestite tijesto u vrećicu za pečenje i izlijte éclairs na pripremljeni lim za pečenje.
f) Pecite oko 30 minuta ili dok ne porumene. Ostaviti da se ohladi.

PUNJENJE:
g) Pripremite slastičarsku kremu s okusom javora. Kombinirajte javorov sirup ili ekstrakt javora u klasičnom receptu za slastičarsku kremu ili upotrijebite prethodno pripremljenu slastičarsku kremu s okusom javora.
h) Punite éclairs slastičarskom kremom s okusom javora pomoću vrećice za pečenje ili male žličice.

PRELJEV OD SLANINE:
i) Pecite slaninu dok ne postane hrskava, a zatim je izmrvite na sitne komadiće.
j) Izmrvljenu slaninu izdašno pospite po punjenim éclairsima, osiguravajući ravnomjernu pokrivenost.

JAVOROVA GLAZURA:
k) U loncu pomiješajte javorov sirup i maslac. Zagrijte na srednjoj vatri dok smjesa ne postane glatka.
l) Maknite s vatre, dodajte šećer u prahu i miješajte dok se glazura ne sjedini.
m) Pokapajte javorovu glazuru preko éclair-a prelivenih slaninom, osiguravajući ravnomjerno prekrivanje.
n) Poslužite ohlađeno i uživajte u slatkom i slanom okusu Maple Bacon Éclair Bites!

ZAKLJUČAK

Dok završavamo naše divno putovanje kroz "VRHUNSKI VODIČ ZA FRANCUSKE EKLERE", nadamo se da ste iskusili radost svladavanja umjetnosti izrade éclaira i stvaranja ovih francuskih užitaka u vlastitoj kuhinji. Svaki recept na ovim stranicama slavljenje je preciznosti, elegancije i uživanja koje éclairs donose na vaš stol—svjedočanstvo zadovoljstva postizanjem rezultata pekarske kvalitete kod kuće.

Bilo da ste uživali u klasičnim čokoladnim éclairsima, eksperimentirali s varijantama punjenim voćem ili usavršili umjetnost svilenkaste slastičarske kreme, vjerujemo da su vas ovi recepti i tehnike nadahnuli da s povjerenjem prigrlite svijet éclairs. Osim sastojaka i koraka, neka koncept izrade francuskih éclair-a postane izvor ponosa, kreativnosti i radosti dijeljenja ovih izvrsnih poslastica s obitelji i prijateljima.

Dok nastavljate svoje kulinarsko putovanje, neka vam "VRHUNSKI VODIČ ZA FRANCUSKE EKLERE" bude pouzdani suputnik, pružajući vam znanje i inspiraciju za stvaranje raznih éclaira koji pokazuju vaše vještine i donose dašak pariškog šarma u vaš dom. Evo za svladavanje umjetnosti izrade éclaira i uživanje u slatkim trenucima uspjeha—bon appétit!

www.ingramcontent.com/pod-product-compliance
Lightning Source LLC
Chambersburg PA
CBHW071301110526
44591CB00010B/741